北京文化旅游与文化影响传播

BEIJING WENHUA LÜYOU YU
WENHUA YINGXIANG CHUANBO

冯凌　杜蕊　杨蕾　著

北京·旅游教育出版社

责任编辑：刘彦会

图书在版编目（CIP）数据

北京文化旅游与文化影响传播 / 冯凌，杜蕊，杨蕾著. -- 北京：旅游教育出版社，2018.9
ISBN 978-7-5637-3842-7

Ⅰ．①北… Ⅱ．①冯… ②杜… ③杨… Ⅲ．①地方旅游业－旅游业发展－研究－北京②旅游文化－研究－北京 Ⅳ．①F592.71

中国版本图书馆CIP数据核字（2018）第218954号

北京文化旅游与文化影响传播
冯凌　杜蕊　杨蕾　著

出版单位	旅游教育出版社
地　　址	北京市朝阳区定福庄南里1号
邮　　编	100024
发行电话	（010）65778403　65728372　65767462（传真）
本社网址	www.tepcb.com
E - mail	tepfx@163.com
排版单位	北京旅教文化传播有限公司
印刷单位	北京玺诚印务有限公司
经销单位	新华书店
开　　本	787毫米×1092毫米　1/16
印　　张	10.625
字　　数	176千字
版　　次	2018年9月第1版
印　　次	2018年9月第1次印刷
定　　价	59.00元

（图书如有装订差错请与发行部联系）

前　言

文化旅游是一种古老的旅游形式，古罗马人到访希腊和埃及（Perrottel，2002），或者中国古代学者游历名山大川（Yan & Mckercher，2013）的时候，人们就开始进行字面意义上的"文化旅游"了。20世纪80年代初，文化旅游开始被视为一系列现有旅游体验的一部分。事实上，学界对于什么是文化旅游、谁是文化旅游者的问题依然没有统一，但不能否认的是，文化旅游发展方兴未艾，具有巨大的发展前景。

北京有着三千年的建城史，是一座具有巨大文化价值的城市。六朝古都孕育了北京独特的皇家文化和京城文化，使其拥有国内其他城市难以比拟的代表中华民族文明的深厚历史文化积淀。中华人民共和国成立以来，尤其是改革开放以来，伴随我国经济融入全球化和北京城市建设的现代化，首都北京的吸引力和影响力越来越大，吸引着全国和世界各地的游客纷纷到此，使北京成为我国首屈一指的文化旅游城市，也大幅促进了北京文化向全国乃至全球的传播。

正是基于此，本书从文化旅游融合发展、文化旅游品质提升、旅游的文化影响传播三个逻辑渐进的维度，较为系统地对北京文化旅游及其影响进行了研究。本书主要内容包括四部分，共14章。第一部分（第一章）为绪论，盘点北京的文化旅游资源，阐述北京文旅融合发展的战略意义，提出北京文旅融合发展的推进路径；第二部分（第一篇，即第二章到第六章）建立了旅游业和文化创意产业耦合发展评价指标体系，据此考察研究了北京市旅游业和文化创意产业的时空耦合关系；第三部分（第二篇，即第七章到第十章）构建了创意文化街区休闲旅游品质评价体系，并以北京南锣鼓巷为例进行了文化街区休闲旅游品质评价研究；第四部分（第三篇，即第十一章到第十四章）从传播学的角度研究了旅游对北京文化传播的影响，并提出了针对性的优化举措。

本书由北京第二外国语学院旅游管理学院冯凌统筹撰写，杜蕊、杨蕾、梁晶等参与撰写和组稿。具体分工如下：冯凌拟定全书大纲，撰写了绪论部分并修改统稿；杜蕊完成第一篇；杨蕾完成第二篇；梁晶完成第三篇及全书修订校对等工作。

本书的出版受北京第二外国语学院2016年协同创新中心项目（535013）——旅游在北京对外文化传播中的功能研究和国家社会科学基金（13CJY015）、北京市社会科学基金（14JGB025）、国家旅游局2015年"旅游业青年专家"培养项目等课题资助。在撰写过程中，参考和征引了许多专家、学者的相关著作和研究成果，在此表示衷心的感谢。旅游教育出版社的刘彦会老师为本书出版付出了大量心血，在此也表示衷心的感谢。

由于作者水平有限，书中的不足之处在所难免，敬请各位专家和广大读者予以批评指正。

冯凌

2018年7月于北京第二外国语学院

目 录

第一章 绪论 ·· 1
  第一节 北京文化旅游资源盘点与体系 ·· 1
  第二节 北京建设世界城市应走文旅融合之路 ·· 7
  第三节 北京市文旅融合发展策略 ·· 13

第一篇 文旅融合：北京市旅游业和文化创意产业耦合关系研究

第二章 旅游业和文化创意产业融合理论基础与研究进展 ···························· 19
  第一节 产业融合理论 ·· 19
  第二节 产业融合研究综述 ··· 19
  第三节 文旅融合研究综述 ··· 21
  第四节 北京市文旅融合研究综述 ·· 25

第三章 北京市旅游业和文化创意产业融合现状 ··· 27
  第一节 产业发展现状 ·· 27
  第二节 产业融合现状 ·· 33
  第三节 产业融合模式 ·· 34

第四章 旅游业和文化创意产业耦合发展评价指标体系构建 ························ 39
  第一节 模型选择 ·· 39
  第二节 指标体系构建 ·· 41

第三节 数据来源 ·· 43

第五章 北京市旅游业和文化创意产业的耦合关系实证研究 ·············· 44
第一节 北京市旅游业和文化创意产业耦合关系实证：演进视角 ········ 44
第二节 北京市旅游业和文化创意产业耦合关系实证：空间视角 ········ 51

第六章 研究结论与对策建议 ··· 59
第一节 研究结论 ·· 59
第二节 对策建议 ·· 60

第二篇 品质提升：南锣鼓巷创意文化街区休闲旅游品质评价研究

第七章 创意文化街区休闲旅游品质理论基础与研究进展 ·················· 67
第一节 理论支撑 ·· 67
第二节 创意文化街区研究进展 ··· 68
第三节 创意文化街区休闲旅游品质评价 ································· 69

第八章 创意文化街区休闲旅游品质评价体系构建 ·························· 73
第一节 要素分析 ·· 73
第二节 体系构建 ·· 75
第三节 确定评价指标的权重 ·· 81

第九章 北京南锣鼓巷创意文化街区实证研究 ································ 92
第一节 北京南锣鼓巷创意文化街区简介 ································· 92
第二节 调查问卷的设置 ·· 93
第三节 调查问卷的信度和效度分析 ······································· 93
第四节 样本的基本情况介绍 ·· 96
第五节 南锣鼓巷调研结果分析 ··· 97
第六节 AHP-模糊综合评价法验证 ·· 103

第十章 研究结论与对策建议 ·· 106
第一节 研究结论 ··· 106
第二节 对策建议 ··· 106

第三篇　对外传播：旅游对北京文化传播的影响研究

第十一章　旅游文化传播理论基础与研究进展 ……………………………… 111
　　第一节　文献综述 ………………………………………………………… 111
　　第二节　旅游文化传播 …………………………………………………… 112
　　第三节　文化传播相关理论 ……………………………………………… 116

第十二章　旅游对北京文化传播的模型构建 ………………………………… 119
　　第一节　模型引入 ………………………………………………………… 119
　　第二节　旅游对文化传播影响的传播机制分析 ………………………… 121
　　第三节　旅游对北京文化传播影响模型分析 …………………………… 124

第十三章　旅游对北京文化传播影响因素分析 ……………………………… 127
　　第一节　传播者因素 ……………………………………………………… 127
　　第二节　传播媒介因素 …………………………………………………… 139
　　第三节　传播内容因素 …………………………………………………… 141

第十四章　研究结论与对策建议 ……………………………………………… 143
　　第一节　研究结论 ………………………………………………………… 143
　　第二节　对策建议 ………………………………………………………… 144

参考文献 ………………………………………………………………………… 149

第一章 绪论

第一节 北京文化旅游资源盘点与体系

一、北京文化资源扫描

北京建设世界城市必须是将世界性和民族性、普遍性和特殊性进行有机结合。其内涵一方面要求城市具有世界性,主要体现在其功能上,体现为城市在世界经济社会发展的地位和作用上;另一方面要求城市必须具备民族性,主要体现在其特有的人文内涵上,也就是城市的历史性和文化性上。只有世界性、没有民族性的城市就失去了特色和根脉,只有民族性、没有世界性的城市就可能游离于世界现代化潮流之外,就没有世界城市的建设发展。

北京作为世界城市建设的最重要条件,就是其拥有国内其他城市难以比拟的代表中华民族文明的深厚历史文化。北京有着三千年的历史,孕育了其独特的皇家文化、京城文化、现代文化。近代以来北京作为中国的首都,其文化吸引着国内和世界各地的游客纷纷到此;新世纪现代化的发展,又促进了北京文化事业向文化产业的发展。对此,首都各界专家从20世纪80年代就开始对首都文化进行解读、分析。如朱自清的大、深、闲的特色论,冰心的独特魅力论,林语堂的自然、艺术、日常生活三要素论,老舍的空间自由论,梁思成的伟大中轴线论等。本节综合分析文献,主要从社会学角度、政治角度和历史角度对北京文化进行分析。

(一)社会学角度

1986年,北京社会科学学院、北京历史学会、北京史研究会邀请首都部分专家和理论工作者,就研究北京文化史的问题举行了首次学术讨论会。会上,阎崇年提出北京文化实质是农耕文化和游猎文化、京师文化和地区文化、中华文化和外来文化的交汇点[1]。阎崇年曾于1987年、1995年发表《古都北京》,于1989年发表《燕步集》,概括出北京文化的四个特点:一是历史悠久,源远流长;二是主客分明,布局宏大;三是宫殿园林,珍宝荟萃;四是各个民族,熔冶一炉[2]。张立文则从中国文化的视角提出北京文化的三个特点,即悠久性、保守性、厚存性[3]。徐大龄从北京文化具有三个基本特征——悠久的文化、封建的文化、新文化来阐述如何批判继承、吸收扬弃北京文化[4]。丁守和认为北京自近代以来在全国的地位和作用更为重要，因此研究北京地区文化应以近代以来为重点[5]。

1990年，丁守和和劳允兴主编了《北京文化综览》，该书按照历史阶段（远古—1949年）分别讲述各个时期的北京文化内容，包括文学、艺术、体育、语言等，如图1-1和表1-1所示。

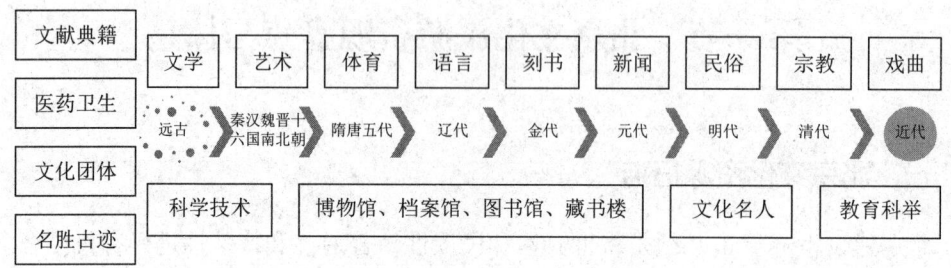

图 1-1　《北京文化综览》主要内容

表 1-1　北京文化资源（远古—1949年）

类型	内容
文学艺术	青铜铭文、珐琅、玉器工艺、鼓词、绘画、书法
戏曲	金院本、元杂剧、京腔、相声、评书
语言	北京话、官话、满语、普通话
教育与科举	科举考试、书院、京师大学堂、国立北京大学、国立清华大学、私立燕京大学
科学技术	《授时历》《古今图书集成》、大木琉璃技术
体育	击鞠、冰嬉、蹴鞠、杂耍、骑射
医药卫生	协和医院、同仁医院、儿童医院、四大名医
新闻	京话日报、国风日报、世界晚报、新青年、国民
刻书	官署刻书、私人作坊刻书
宗教	北京四大教堂：北堂、南堂、东堂、西堂
民俗	庙会、豆汁儿、四合院、会馆、全聚德
博物馆	故宫博物院、中国历史博物馆、北京国货陈列馆
档案馆	故宫内阁大库、顺天府档案、军机处档案
图书馆	北京图书馆、北京大学图书馆、清华大学图书馆
藏书楼	群碧楼、观海堂、藏园藏书
文献典籍	《水经注》《东林始末》《四库全书》《康有为上皇帝书》
文化团体	强学会、新月社、梨园公所、中国地学会、尚志学会、伊斯兰学友会、宣南诗社
名胜古迹	故宫、王府、坛庙、中南海、颐和园、圆明园、长城、周口店猿人遗址
文化名人	胡适、林语堂、梁思成、华罗庚、齐白石、斯诺

注释：来自《北京文化综览》，丁守和，劳允兴。

刘勇用"京味儿"来概括北京文化，包括饮食文化、建筑文化、园林文化、娱乐文化、戏剧文化、庙会文化等。同时按照地域、来源、历史形成、载体的不同来划分北京文化的构成部分。并提出老北京市民所保有的观念、习惯是北京文化中相对凝固和完整的因素，是北京文化深厚坚实的根基。最后作者总结北京文化是一种依靠道德维系的、基于人情礼数的文化，它包含着人的尊严、人间的温情以及中国人特有的生活方式，代表着中国人传统的理想和希望[6]。

郭勉愈认为20世纪20年代（即北平时期），满汉民族的融合、贵族文化和平民文化互相吸纳，形成了最浓厚、最地道的老北京文化氛围。当时老北京人既有汉族朴实厚道的古风，又有旗人谦恭多礼的品性。如见面请安问好的热络，提笼架鸟的悠闲，年节丰富的习俗，市井热闹的吆喝叫卖，庭院里的天棚、鱼缸、石榴树等。这些构成了现在所说的京味文化氛围[7]。

赵晓阳根据在北京生活的外国人留下的记录北京生活的外文文献，同时结合中文文献分析北京在外国人眼里所具有的文化特征，即多元北京文化特性[8]。

王一川提出北京市民文化（即胡同文化）是北京文化的一个组成部分。作者在发起的一次对全国在校大学生中外文化符号观的问卷调查中，对北京文化符号也进行了一次调查统计，如表1-2所示。作者认为，从时间的古今演变角度，有三种文化形式。第一，属于故都北京的文化符号有京剧、长城、故宫、圆明园、颐和园、天坛，是至今仍富有象征力量的历史文化符号；第二，属于现代北京的文化符号有北京奥运会、鸟巢、神舟飞船、北大清华、CCTV、联想、春晚、百家讲坛、水立方、同一首歌；第三，现在北京依旧活跃着的故都文化符号偏少，只有胡同文化和同仁堂[9]。

表1-2 北京文化符号类型

类型	符号名称
历史、博物类	京剧、长城、故宫、圆明园、颐和园、天坛、胡同文化
大众传媒或时尚类	CCTV、春晚、百家讲坛、同一首歌
体育类	北京奥运会、鸟巢、水立方
产业品牌类	联想、同仁堂
高科技类文化符号	神舟飞船
高等教育类	北大、清华

王东、王放对北京文化和北京精神进行了新的解读，作者从北京文化的九大特点和三个层面来论述北京文化：

（1）风水宝地，生态多样——北京自然山水的显著特征。

（2）人类文明，东方源头——北京文化起源的独特世界历史地位。

（3）都市文化，源远流长——北京城市文化起源上的历史特点。

（4）六朝古都，皇家气派——北京文化最为显著的历史特点。

（5）长城运河，双龙交汇——北京最为独特的人文景观。

（6）纵横中轴，胡同小院——北京城市格局的突出历史特征。

（7）祭坛寺庙，东方神韵——北京特有的宗教文化历史底蕴。

（8）政治文化，交往中心——北京在近现代中国的独特历史定位。

（9）古今中外，文化熔炉——北京城市功能的特别独特之处。[10]

（二）政治角度

北京作为中国的首都和六朝古都，其文化中必然有其政治特性。2002年5月，中共北京市第九次代表大会的报告指出：就文化本身的基本范畴而言，首都文化是一个包含了思想道德、教育科技、宣传文化事业和文化产业、精神文明创建活动在内的广义的文化，它涵盖了党的建设、精神文明建设和宣传思想工作的全部内容。报告第一次明确规定了北京文化建设的基本内涵是："牢牢把握中国先进文化的发展趋势和要求，实践'三个代表'重要思想，继承弘扬中华民族优秀文化传统和人类社会创造的一切先进文明成果，立足于首都现代化建设的实践，着眼于满足人民群众精神文化需求。"并提出，北京文化的基本特征是："博大精深、兼容并蓄、与时俱进、争创一流。"

（三）历史角度

从历史角度，北京的文化资源可分为以下几类。

（1）世界文化遗产：是指由联合国教科文组织按照《保护世界文化和自然遗产公约》指定的文化遗产。

（2）国家、市、区指定的文物保护单位：全国重点文物保护单位由国务院文物行政主管部门（即国家文物局）在北京市文物保护单位中选择或直接确定；市级文保单位由市人民政府确定，区级文保单位由区人民政府确定，报市政府备案。

（3）普查登记文物：北京市政府定期组织开展文物普查工作，区人民政府负责定期对其行政区域内的不可移动文物进行普查登记。尚未核定公布为文物保护单位的不可移动文物，由区级人民政府文物行政主管部门登记公布。

（4）挂牌保护院落：2002年北京市对旧城内现存四合院展开调查。制定了"现状条件较好、格局基本完整、建筑风格尚存、形成一定规模、具有保留价值"的保护院落认定标准。

（5）优秀近现代建筑：2004年国家建设部和《北京城市总体规划（2004—2020年）》中提出了该项保护类别，指从19世纪中期至20世纪50年代建设的，能够反映城市发展历史、具有较高历史文化价值的建筑物和构筑物。

（6）地下文物埋藏区：针对北京地下文物保护工作薄弱的情况，划出地下文物埋藏区进行保护。

（7）历史文化保护区：是指由市政府核定公布、并报国务院备案的保存文物特别丰富并且具有重大历史价值或者革命纪念意义的城镇、街道、村庄。

（8）历史文化名城：是由国务院核定公布的保存文物特别丰富并且具有重大历史价值或者革命纪念意义的城市。1982年，北京市被公布为国家首批历史文化名城。

历史文化名城包括旧城整体和市域历史文化资源。旧城整体主要包括传统城市中轴线、"凸"字形和四重城廓、皇城、历史河湖水系、棋盘式道路网骨架和街巷胡同格局、平缓开阔的空间形态、重要景观线和街道对景、传统建筑色彩和形态特征、古树名木及传统绿化，以及"胡同—四合院"传统居住形态。市域历史文化资源主要包括城市"山水格局"、风景名胜区、市域历史河湖水系、城市遗址和城池格局、非物质文化遗产。

二、北京文化旅游资源

文化是旅游的灵魂，旅游是文化的载体。特别是在北京，两者之间更存在着密不可分的联系。三千多年的建城史、八百余年的建都史，赋予了北京丰富的历史文化资源；现代北京的发展，又让这座城市成为时尚文化之都、文化创意之城。历史与现代的交相辉映，给北京发展文化旅游提供了得天独厚的优越条件。从旅游角度分析，徐菊凤根据旅游资源的分类方法对首都的文化资源进行了分类，如表1-3所示。

表1-3 北京文化旅游资源

资源类型	资源名称
文物古迹： 历史建筑 宫殿城堡 宗教建筑 公共建筑 陵寝建筑 园林公园	A类：天安门、故宫、颐和园、圆明园、天坛、长城、明十三陵、雍和宫、毛主席纪念堂、人民大会堂、景山公园、北海公园 B类：中南海、钟鼓楼、地坛、中山公园、恭王府、胡同、四合院、白云观、戒台寺、潭柘寺、古观象台
博物馆： 民俗文化博物馆 艺术博物馆	民俗文化博物馆、艺术博物馆、中国革命历史博物馆、中国科技馆、中国美术馆、炎黄艺术馆、钱币博物馆、北京民俗博物馆、北京艺术博物馆、北京航空航天博物馆、北京自然博物馆、北京观复古典艺术博物馆、鲁迅博物馆、宋庆龄故居
旅游专题线路： 历史文化专线 艺术专线	北京三日游（游览故宫、颐和园、长城、明十三陵、明皇陵、看京剧、吃烤鸭）、胡同游
主题公园： 历史文化主题 考古类主题公园 建筑公园	世界公园、中华民族园、天下第一城、老北京微缩景园、明皇蜡像宫 周口店北京猿人遗址

续表

资源类型	资源名称
历史文化活动： 宗教节日 世俗节日 民间节日	白云观庙会、雍和宫佛事活动、牛街穆斯林清真寺、春节庙会、中秋节、重阳节
艺术活动： 艺术展览（表演） 艺术节日	针对旅游者的表演类：梨园剧场、天桥茶乐园、老舍茶馆、湖广会馆、北京之夜 面向大众消费者类：北京国际旅游文化节、北京国际音乐节、"相约北京"国际艺术节

杨培玉等则从开发北京文化旅游产品角度分析北京文化所包含的内容，包括文物古迹、民俗风情、文化艺术、饮食烹调、旅游购物、文化教育、奥运文化等各个方面。

吕亚静（2011）对北京的文化旅游产业及产品进行了分类，分别为以下八类。

（1）北京的历史遗存。北京作为中国的六朝古都，荟萃了中国历史文化的优秀遗存，展示了现代中国首都的风采，长期以来对中外旅游者都具有很强的吸引力，如故宫、天坛、颐和园、长城、明十三陵等。

（2）北京的民俗文化。居住民俗，如什刹海的四合院和胡同；饮食文化民俗，如北京烤鸭和各种北京小吃；节庆习俗，如正月初一的饺子、初二的面条、初三的盒子，庙会等。

（3）北京的文化设施。近年来，北京剧场、文化馆、图书馆、文化广场犹如雨后春笋般拔地而起，首都图书馆新馆、北京广播电视中心大楼、世纪坛文化广场、长安大戏院等，为丰富北京市民的文化生活和旅游提供了坚实的基础。

（4）北京的文化艺术。北京已经有梨园剧场、天桥茶乐园、老舍茶馆、湖广会馆等多家专门为旅游者演出京剧、昆曲、杂技等中国传统曲艺的地方剧场，这些场所的布置、工作人员的服饰都具有民族和传统特色。

（5）北京的文化教育。大学，凝聚了一个城市的文脉。北京高校云集，有70余所，且清华、北大等学校景色优美，文化气息浓厚，吸引着国内外众多游客。象征着中国古代教育的国子监、孔庙等也极具吸引力。

（6）北京的文化旅游商品。小吃如北京酱菜、北京酥糖、北京烤鸭、茯苓夹饼、北京果脯；工艺品如牙雕、北京绢人、景泰蓝、玉雕、漆雕、宫灯、扇子、京剧脸谱、皮影等。

（7）北京的城市建筑。老建筑如人民大会堂、中国革命历史博物馆、中国人民革命军事博物馆、北京火车站、工人体育场、中央广播大厦等，当代建筑如首都国际机场T3航站楼、国家体育场（鸟巢）、国家大剧院、北京南站、国家游泳中心（水立方）、首都博物馆、北京电视中心等。

（8）北京的街道社区。若想透过一座城市的物质面貌，深入感受它的灵魂气息，文化、艺术和时尚的汇聚地总是最佳场所。如大栅栏、琉璃厂、南锣鼓巷、什刹海、天桥、秀水街、簋街等。

三、北京文化旅游资源分类体系

根据以往对北京文化资源的研究，作者提出了三类北京文化旅游资源分类体系。

（1）按物质文化、非物质文化、城市建设文化分类。除惯常的物质文化和非物质文化外，应将文化视野拓展到城市建设发展上，而不局限于传统的"文化"载体。

（2）按时间进程的文化类型分类。一是历史北京，主要是以二环内城为焦点，代表性的有故宫、长城、颐和园和圆明园皇家园林、历代皇室寝陵、胡同民居、老北京民俗文化等，可总结为以集权统治为核心，为其服务的皇都文化；二是现代北京，主要是以奥林匹克公园区域的现代标志建筑文化、国贸区域的现代商业文化、中关村科技创新文化、金融街现代金融文化等为代表，可总结为建设发展的文化；三是未来北京，主要是以798文化创意、三里屯和后海的休闲生活等为代表的生活文化、休闲文化等，可总结为以人为本的文化。

（3）按文化影响的类型分类。一是有世界影响的文化中心，如欧亚大陆的中心、东亚儒家文化传播与聚集中心、社会主义阵营和东方红色文化中心等；二是有全国影响的文化中心，如中国北方游牧文化和南方农耕文化的交错带和集聚中心、六朝古都的中国文化中心、新中国建设发展中心等；三是中国北方的文化中心，如饺子等面食，相声、京剧等文艺形式，遛鸟、斗蟋蟀、茶馆等娱乐休闲形式，胡同、四合院等民间建筑文化，瑞蚨祥、同仁堂、内联升等商业老字号。

第二节　北京建设世界城市应走文旅融合之路

一、世界城市的综合比较

对于世界城市的定义，目前尚没有世界公认的统一标准和量化指标体系，但一般来说世界城市必定是经济发达的大都市。目前世界上的国际化大城市可以分为两大类：一类是综合性很强的世界城市，另一类是专业性很强的国际化城市。国际公认的综合性、现代化世界城市是美国纽约、英国伦敦、法国巴黎和日本东京。其中纽约不是首都城市，而是发达的工商城市，其城市性质和功能与我国的上海类似，而北京与其他三个城市有较大的可比性。因此，可将北京放在与这四个世界城市的比较中，分析它们之间的差异，以发扬和保持优势，探索北京建设世界城市的文化路径。

综合衡量城市经济发展水平可以有多项指标，其中经济总量和第三产业占全市比重是较为重要的指标。这两项指标突出地反映出城市经济的发展水平和产业结构。如表1-4所示，从经济总量来看，2017年北京的经济总量为4381.70亿美元，同期只占巴黎的59.6%、伦敦的84.5%、纽约的48.6%、东京的46.3%。从人均GDP来看，2017年北京人均GDP已经达到8957.3美元。按照2012年世界银行划分世界上不同国家和地区的贫富程度标准来看，8957.3美元的人均GDP已经达到了中上等收入档的水平，接近富裕国家水平。从国际一般经验看，人均GDP达到这个水平后，经济发展增速将呈现放缓趋势，经济结构也将出现调整。从经济总量上说北京还有待于进一步释放生产力。从第三产业所占比重来看，北京已经达到了80.6%，第三产业比例逐步增高并成为比例最高的产业。这是北京调整经济结构的结果，对于信息服务业、文化创意产业等第三产业更加注重以促进其发展。

表1-4 北京与世界城市经济指标比较数据

	纽约	巴黎	伦敦	东京	北京
经济总量（亿美元）[①]	9006.8	7350.6	5187.8	9472.7	4381.70
第三产业占全市比重（%）	96.8[②]	/	86.5[③]	91.6[④]	80.6
人口数量（万人）[⑤]	855	248.33	883.2	1383.1	2170.7
国际游客人数（万人）[⑥]	1230	1610	1858	845.6	392.6

数据来源：北京数据除特别注释，均为2017年数据，来自《北京统计年鉴（2017）》和《北京国民经济和社会发展统计公报（2017）》。

① http：//www.sohu.com/a/128658357_418890，搜狐财经网，2016年数据。

② US.census Bureau，2007年数据。

③ https：//www.london.gov.uk，第三产业占全市比重为2007年数据。

④ 北京市社会科学院外国问题研究所课题组，北京与世界城市发展阶段性特征比较 [J]，北京城乡发展报告（2010—2011），第三产业占全市比重为2008年数据。

⑤ https：//www.gov.uk/government/statistics/announcements，英国国家统计局，2016年数据；http：//www.toukei.metro.tokyo.jp/jsuikei/js-index.htm，东京都总务局统计部，2018年数据；http：//www.census.gov/，美国人口普查局，2015年数据；巴黎为2013年数据，根据网上公开资料整理。

⑥ 巴黎数据来自http：//www.xinhuanet.com/overseas/2018-02/23/c_1122442236.htm，新华网，2017年数据；伦敦数据来自欧睿国际（Euromonitor），2015年数据；东京、纽约的数据来源于http：//www.pinchain.com/，品橙旅游，2015年数据。

从国际游客人数来看，北京的竞争力也不强，对于国际游客人数，北京占同期纽约国际游客人数的31.9%、巴黎的24.4%、伦敦的21.1%、东京的46.4%。

从全球经济看，北京经济增长日益放缓，主导产业并不突出，金融优势仅限国内，在以后的经济竞争中没有达到或超过其他世界城市的明显迹象。以世界城市为目标，北京必须有足够的发展空间和更高的环境质量。就目前的情况来看，北京在空间上不适应建设世界城市的需要，在经济实力、基础设施完善程度以及与外部空间联系方面，与世界城市差距明显。

从经济发展历程看,世界城市的崛起轨迹,基本都是从所在区域的影响扩大到所属国家和所在地区,如纽约从美国东海岸经济中心、美国经济首都成为世界金融和经济中心,东京从日本大京都区、日本经济中心成为东亚和世界经济中心,大巴黎地区集聚法国大部分经济和人口及其对欧洲的影响,伦敦凭借英国及曾经不列颠帝国在全球的经济统治等。以上世界城市,都具有对区域的绝对经济控制、一国绝对的经济中心、对全球的强大经济影响这几个特征,并且在全球有自己的主导产业或绝对优势,如纽约的金融、东京代表的日本精细制造、巴黎代表的文化生活和时尚引领等。

如表1-5所示,从文化资源,尤其从历史文化资源角度,北京与其他世界城市相比,具有一定的优势。其中,世界文化遗产数量为六处,远超其他城市。在北京的六项世界文化遗产中,除周口店北京人遗址观赏性较差以外,其余五项(包括长城、明清皇宫、颐和园、天坛、明清皇家陵寝)接待人数占到北京前20位旅游景点的81.4%。可以说,世界文化遗产成为来京入境旅游者主要的游览景点。与其他世界城市相比,北京在世界文化遗产方面比较占优势。北京作为一座历史文化名城,城市发展历史脉络清晰,突出体现了中国历史文化的精华,大量的古迹、遗存成为各个不同历史阶段的印证。正是凭借着首都和古都的这种优势,北京吸引着大批的入境旅游者,北京古都旅游的垄断性和长期性是北京建设首选旅游目的地的强力支撑。

表1-5 北京与世界城市文化指标比较数据

比较项目	纽约	伦敦	东京	北京
世界文化遗产数量	1	4	0	6
博物馆等其他文化机构	431[①]	200[①]	264[②]	200[③]
公共图书馆	253	149	396	25
影剧院	1528[①]	/	324[②]	209[③]
大型音乐厅	12	9	/	4
书店	498	927	/	127
评分合计	16.73	16.85	10.61	7.62

数据计算:四个城市中,指标数据最高,得满分,其他三个城市的数据按照与最高分城市的百分比计算得分,没有数据按照折半计算。

其中世界文化遗产数量、公共图书馆、大型音乐厅为2008年数据。①代表数据为2005年;②代表数据为2007年;③代表数据为2017年。

数据来源:北京市社会科学院外国问题研究所课题组,北京与世界城市发展阶段性特征比较[J],北京城乡发展报告(2010—2011)。

但从博物馆、图书馆、影剧院和音乐厅等休闲休憩资源的数量和分布上看,北京又出现了其发展的短板。从数量上都不及其他几个城市,北京市博物馆类旅游产品数量较多，但只有少数品位高，大部分博物馆单体规模小、体制陈旧、展陈设计落后，吸引力不大，文物的展示、教育和传播功能有待完善。相比这几个城市，发现东京的公共图书馆最多，凸显日本人爱看书的文化氛围，纽约人喜欢影视和音乐，这与美国发达的传媒影视业密切联系，而伦敦深厚的文化底蕴表现为城市内部书店很多。

总体来看，北京与其他三个城市依然有差距，尤其与其他世界城市经济差距较大，但在文化遗产和设施方面差距并不十分明显，说明北京具有很大的文化发展空间。

二、北京（京津冀）与国内区域比较

从整个中国来看，京津冀、长三角和珠三角是全国范围内发展比较成熟和典型的一体化合作区域，区域各政区往往利用地缘优势，制定相关政策，加强区域合作，以实现共同富裕和繁荣，但各区域经济合作与发展效果并不一致。

各区域分别来看，以上海为龙头的长三角产业合作紧密、经济一体化程度较高，已经明显形成长三角城市群，已经成为国内经济龙头区域；珠三角既有港澳作为世界经贸之窗，也有较为发达的内陆经济腹地，广东和邻近地区的制造业与香港的金融商贸、澳门的休闲旅游等产业互补，经济合作紧密，一体化程度也很高；反观京津冀区域，基本是有分工没有合作，城市的增长没有带动区域的整体经济繁荣，区内发展很不均衡，"灯下黑"现象反映的是不健康的经济联系。

从单个城市的发展来看，作为龙头城市，北京、上海、广州引领三个区域的发展并走在全国各个城市的最前列。上海地区生产总值在这三个城市中最高，达到30 133.86亿元，三个城市的人均GDP都达到了5万元人民币以上。

区域旅游发展合作与区域经济合作水平类似。比较起来，京津冀是全国最早提出区域旅游合作的地区，但其实质性的合作仍处在起步阶段；长三角区域旅游合作目前势头强劲；珠三角区域旅游后劲十足，区域旅游联合体和区域无障碍旅游区建设初见成效。反观京津冀区域，由于京津冀地区的经济发展不平衡，北京遥遥领先其他城市和地区，反映出来的直接后果是，旅游业发展也是北京独大，河北旅游景区虽多，但经济效益偏低，其他地区的旅游基础设施也较落后。总体而言，从区域旅游合作来看，京津冀区域尚处于初级阶段，资源重复，没有统一的旅游形象和品牌，行政单位过多，各地发展旅游积极性不高，使得区域合作难以一体化，与无障碍旅游区还有较大距离。

区域经济发展水平，尤其是经济开放度的差异，也直接导致了国际游客量的差距。从城市来看，目前上海和广州国际游客年均达到了850万人次以上，而北京却还不到500万人次；从区域来看，珠三角借助于香港作为国际自由贸易区的优势吸引入境国际游客达到了7747.56万人次，长三角也借助于上海越来越发达的金融业吸引更多的外国游客到长三角旅游，达到2055.11万人次，而京津冀缺乏联动优势，单靠北京的国际吸引力，只达到897.86万人次的水平（见表1-6）。

表 1-6　京津冀与长三角、珠三角经济指标比较数据

项目	北京	上海	广州	京津冀	长三角	珠三角
地区生产总值（亿元）	28 000.4	30 133.86	21 503.15	82 559.78	167 802.76	114 176.74
经济增速（%）	6.7	6.9	7.0	17	21.9	7.5
人口数量（万人）	2170.7	2418.33	1449.84	11 247.09	16 104.63	11 964.9
人均GDP（元）	57 230	58 988	55 400	—	—	—
国际游客人数（万人）	392.6	873.01	900.48	897.86	2055.11	7747.56

①数据来源：国家统计局网站，为2017年数据；中国香港、中国澳门有关数据引自http：//www.malaysiaeconomy.net/，大马经济网，国际统计年鉴2017。

②京津冀的数据包括北京市、天津市和河北省；长三角包括上海市、浙江省和江苏省；珠三角包括香港特别行政区、澳门特别行政区和广东省。

③人口数量为2017年数据。

④香港、澳门数据以即时汇率以当地币换算成人民币，按2018年环比物量计算。

⑤访港旅客数字包括经澳门访港的非澳门居民，自2008年开始访澳旅客不包括外地员工及学生等。

三、北京城市发展的产业经济动力

从改革开放开始，随着城市规划修编和首都功能定位的逐步明确，北京开始加快产业结构的升级和调整。1994年服务业比重超过第二产业，形成"三、二、一"的产业格局。1995年服务业比重超过50%，标志着北京市从全国重要的工业基地逐步发展成为以第三产业为主的服务经济城市。此后，北京市第三产业比重节节攀升。1998年超过60%，2006年超过70%，2008年达到73.2%，2010年达到75.1%，2017年达到80.6%（见表1-7）。总体上说，产业结构的调整体现了现代世界大都市的部分特征。

表 1-7　2017年北京市产业经济指标

指标	总值（亿元）	增速（%）	比重（%）
地区生产总值	28 000.4	6.7	100
第一产业	120.5	-6.2	0.4
第二产业	5310.6	+4.6	19
第三产业	22 569.3	+7.3	80.6

数据来源：《北京国民经济和社会发展统计公报（2017）》。

随着北京产业结构的不断优化调整，现代服务业规模不断扩大，传统服务业得到进一步改造和提升，服务业在首都经济发展中的地位和作用不断提高。服务业成为支撑经济发展、优化产业结构的主导行业。目前北京第三产业的比重在全国稳居第一，实现了产业结构从工业主导型向服务业主导型的转变。根据产业发展规律以及首都经

济发展特点，随着工业的高端化发展，现代制造业和高新技术产业加快发展。金融、科技服务、商务服务等生产性服务业发展进一步加快。现代服务业与现代制造业进一步融合发展，推动产业链条的高端化进程。产业结构升级的另一个内在原因是，北京市在全国率先将大力发展文化创意产业作为全市经济结构战略性调整的重点。

总结北京市目前产业经济结构，可概括为：一产微不足道，二产迅速萎缩，三产近年来增长较为迅速。但对于占北京经济发展绝对优势的服务业，无论是科技创新、物流交通等生产性服务业，还是商贸餐饮、旅游文化等生活性服务业的发展，很大部分都是因为北京集聚了全国的科教、文化、政治等资源，从而形成了服务业经济的集聚发展。而这些资源的集聚，又主要是因为我国现行的从上至下分配经济资源的体制所形成的，其内在是垄断式的发展模式。这种主要基于垄断，而不是市场自由竞争、资源逐利分配的发展，其增长潜力不足以成为重要的经济中心。

四、北京世界城市建设的文化旅游路径

从以上分析来看，北京并不具备世界城市的经济发展条件，难以成为有经济影响、金融影响或产业影响的世界城市。

但是，北京具有成为世界文化和旅游中心之一的文化软实力。龙永图认为，建设世界城市的软实力应包括：在世界上有极高的知名度，有深刻广泛的影响力，有独特的吸引力，有强大的亲和力。打造文化软实力，一是历史的城市文化。长城、故宫等全球知名的历史文化古迹都可以成为打造北京文化软实力的载体，我们要用现代手段来扩大这些历史文化古迹的影响力，发挥我们的创造力，打造北京的影响力。二是现代的城市文化。世界城市的现代文化就是要集中反映当代国际社会普遍公认的价值观念，2008年奥运会已为北京建设世界城市必须具有的独特文化打下了坚实的基础，正在成为北京现代文化的基础。三是城市的商业文化。要特别注意打造具有世界知名度的高端商务区，高端商务区是整个现代商业高端文化载体。这方面北京已经迈出了重要步伐，20多年前北京就开始在朝阳区打造CBD中央商务区，希望北京以CBD为起点，打造出一个具有世界知名度的高端商务区。北京以厚重的历史文化为载体，以后奥运现代文化理念为基础，以高端的国际化CBD为起点，具备建设世界文化和旅游中心的文化软实力。

2014年2月26日，习近平考察北京提出"四个中心"，即全国政治中心、文化中心、国际交往中心、科技创新中心，要求努力把北京建设成为国际一流的和谐宜居之都，北京再度面临着全新的城市格局重塑。在新定位的指引下，北京开始大力疏解非首都功能，腾退一般制造业、区域性市场和区域性物流功能，加快构建"高精尖"产业结构。分别来看，建设全国文化中心、国际交往中心直接要求北京进一步传承和发扬北京深厚文化积淀，培育具有全国性甚至全球性的文化影响力；而建设全国政治中

心、科技创新中心也需要良好的文化环境和文化氛围。因而,北京城市新定位为建设世界文化之都提供了政治和政策保证,也为进一步加强文旅融合、通过旅游提升北京的文化影响力指明了方向。

第三节 北京市文旅融合发展策略

目前文化与旅游的结合已经上升到国家层面,有了国家政策的大力支持,有了经济和文化产业发展的双重机遇,北京的文化旅游发展具备了"天时";北京的特殊地位造就了灿烂辉煌的文化旅游资源,使北京的文化旅游发展具备了"地利";北京市政府的重视和促进更使得北京的文化旅游产品开发具备了"人和"。在这三大有利条件基础之上,加强文化产业和旅游产业的合作,理顺旅游与文化的关系,进一步做大做强北京文化旅游无疑正当其时。

一、完善组织机构,创新体制机制

北京虽然具有丰富的文化旅游资源,但这些资源归属于旅游、园林、文物、文化、教育和宗教等不同部门,以及中央、市、区各级政府管理,条块分割非常严重,导致资源无法有效整合,没有功能配套建设,文化旅游信息缺乏整合,无法为游客提供完备的旅游信息。因此,首先应该在组织和机构上保证北京文化旅游资源的永续发展,主要包括加强组织实施、完善制度机制、深化文化旅游体制改革、规范旅游文化市场秩序等方面,加强对文化产业发展的政策保障和体制机制保障,全面创造有利于文化旅游产业跨越式发展的良好环境。具体措施如下。

第一,成立文化旅游领导小组。为加强对全市文化旅游建设工作的领导,成立北京市文化旅游领导小组,由市委市政府相关领导任组长,北京市旅游委、市文化委部门领导任副组长,文化、旅游相关的部门为成员。领导小组办公室设在市旅游委,主持日常相关工作。

第二,建立文化旅游联席会议制度。由市文化旅游领导小组提议,相关部门建立文化旅游联席会议制度,定期召开由官方、业者和协会均参加的联席会议,协调处理相关工作,通过加强联席沟通,及时高效指导文化旅游向更高层次发展。

第三,成立文化旅游协会。由市文化、旅游部门指导,由北京市旅游协会和北京市文化协会组织,吸收相关领域骨干企业和单位,成立市文化旅游协会,成为政府决策与业界和大众的纽带,推进文化旅游产业的行业自治和自律。

第四,建立文化旅游发展基金。成立专门的文化旅游发展基金,为推进文化旅游资源的深度利用、维护、修缮和融资提供资金上的支持。

第五，成立文化旅游产业大会。每年定期召开文化旅游产业大会，成为包括旅游产业交易会、文化展销会、贸易洽谈会等业界自由贸易的平台，进一步促进文化旅游产业的市场化发展。

二、以旅游发展促进首都文化保护与传承

北京拥有悠久的历史文化资源，这些具有北京特色的文化资源，不仅有着丰富的历史和研究性的符号意义，通过有效地发掘利用，更是北京经济社会发展和世界城市建设的强大动力，是北京市持续发展的一笔巨大财富。旅游让文化深入浅出、传播活泼，不再晦涩难懂，而最重要的是，旅游发展能够有效促进文化资源的保护和传承。通过发展旅游业，在合理的开发利用中去实施文化保护，才能更好地实现文化的动态式保护和活态化传承。因此，以旅游活动的开展和旅游产业的发展，来保护、传承和发扬首都文化，是文化保护与传承的重要途径。

在保护重点上，主要是北京老城区和郊区民俗文化、生态文化。在保护和利用形式上，应强调少开发、多利用，尽量保持文化遗存的原汁原味。如对于二环内区域的北京文化遗存区域，可进行整体的文化旅游发展规划，强化对历史文化格局的整体保护，具体措施如保持原有的棋盘式道路网骨架和街道、胡同格局；注重吸收传统城市色彩特点，在原皇城范围内强调青灰色民居烘托红墙、黄瓦宫殿建筑群的传统色调；以故宫为中心由内向外分层次控制建筑高度，以保持旧城平缓开阔的空间格局等。而位于郊区的文化景观，要依据其历史时间轴分别进行特色性的保护和开发。而对于非物质性的文化遗产，则应以各类民间文艺活动、文化旅游商品等形式，进行活态保护和传承。如发掘、整理传统的民间文艺活动项目，增加体现民俗风情方面的文化旅游项目；因地制宜举办各种具有地方和民族特色的旅游活动，开发美食馆、旅游点文化演出等活动；展销民间工艺制作，包装形成系列"北京礼物"，发展具有北京味的旅游商品。

三、分级遴选，推进一批重点项目建设

从全市到各区，各级政区应遴选并重点推进一批文化旅游项目建设。从全市角度，重点文化旅游项目主要包括以下几类。一是重点文化旅游主题区，如以故宫为核心、环绕四合院以及幽深的胡同为代表的老北京文化旅游区，以奥运公园和亚运村为核心、集中了反映北京现代化形象的现代文化旅游区，以香山、八大处等为核心的西山文化旅游区。二是重大文化旅游建设项目，如长城文化旅游带，永定河、大运河等文化旅游走廊，后海、三里屯等休闲文化旅游区，CBD区域现代商务文化旅游区等。三是针对主要需求的几条主题线，如针对国际游客对北京和中国传统文化的探奇心理，组织以故宫、长城、钟鼓楼为代表的古建筑文化旅游线和以颐和园、圆明园、天坛、大观

园等为代表的东方园林文化系列。四是推进北京新文化旅游运动，推动北京文化创新，促进文化的娱乐化开发、时尚化展示和现代化发展，如引进一批交友婚恋、爱情纪念、选美选酷、形象设计和时装设计比赛等时尚浪漫主题的娱乐文化项目；发掘、梳理和整合富有地域特色的文化资源，开发特色旅游娱乐产品，重点打造一批精品节庆和文化演出项目；推进文化上墙、上路、上车、进村、入户、入社区，营造入眼皆是"山水田园诗""京味古风图"的文化环境和浓郁氛围。

文化旅游项目建设，规划、引导在政府，但实施和经营应落实到企业。主要包括顶天立地的大企业和铺天盖地的小企业。因此，一方面要"抓大"，培育骨干文化旅游企业，倡导宣扬北京文化，将北京文化元素深刻运用到其经营中并以此为指导。鼓励有实力的文化企业或旅游企业以资本为纽带，实行跨行业、跨所有制兼并重组，形成一批有影响、有品牌、有竞争力的文化旅游企业或企业集团，打造一批具有较强国际影响力的"文化旅游航母"。另一方面不"放小"，明确提出要扶持中小文化旅游企业，通过政府采购、信贷支持、加强服务等多种形式扶持中小文化旅游企业发展，形成富有活力的文化创意、设计服务、信息服务、艺术品展销、文艺演出等中小文化旅游企业群体，尤其是对北京老字号进行扶持。

四、分类指导，有序开放公共文化设施

首先，应有序开放公共文化设施。在整体的规划指导和分类管理办法下，分类开放各类城市文化遗产、文博资源、主题文化艺术街区、社区公共文化场所。完善城市文化休闲环境，充分利用城市中的文化设施，如体育馆、文化馆、博物馆、科技馆、展览馆、城市广场等公共服务场所和文化设施，充分利用各类文化旅游休闲空间。

其次，应重点考虑社会弱势群体和低收入人群，提出有针对性的举措、政策进行分类指导。分类指导可根据年龄、人群来进行。分年龄：老人、中青年、少年儿童（学生）。重点是针对老人和少年儿童开放相关的专项文化产品和设施；针对学生以课程、学分设置和学假安排等方式开展研学旅游。分人群：高收入人群、中收入人群、城镇居民、农民工与农民等相对低收入人群。重点是对农民、农民工、一般城镇居民，通过针对性的减免相关设施门票等形式加以引导和促进。

五、倡导参与，全面建设社区休闲文化

首先，注重社区文化休闲场所和设施建设。目前，除少数社区建有文体活动中心、社区公园、文化广场外，大多数社区对此无规划建设，导致居民休闲无去处，文化活动无场所。因此，应加大社区文体经费投入，有计划地规划建设中央文化休闲区、休闲社区、休闲街区、休闲公园和广场，与全民健身运动、社区文化设施建设等结合，提供更便捷的文化休闲空间。

其次，引导开展多种形式的社区文化休闲活动。积极引导培育社区文化休闲组织，让社区充分享受现代旅游一条龙服务便捷。充分利用民族民间节庆日，开展花会、庙会、灯会等文化活动，发挥传统民族民间艺术在休闲生活中的作用，扶持民间艺人和民办文艺团体发展，鼓励市民自编自演、内容健康的文艺节目，积极组织开展广场文化活动。大力开发晚间文化休闲消费，开发晚间文化演艺、风味餐饮、康体健身、茶艺酒吧、休闲购物等夜间文化消费产品。在社区规划夜间文化消费聚集区，开发建设适应游客和市民休闲需要、满足市民文化需求的夜间游乐设施，激活晚间文化休闲消费。在各社区组建文艺队，挖掘、培养文艺骨干，定期组织开展寓教于乐、喜闻乐见的群体性文化活动，提升居民生活质量和水平。

六、强化配套，完善文化旅游服务体系

首先，应强化建设文化旅游营销体系。北京文化形象的营造离不开城市政府部门，离不开城市方方面面的工作。根据不同国家和地区不同市场需求，应打造不同的文化特色，通过各种形式，如文化交流、形象推广、召开记者见面会、建立友好旅游城市等进行旅游形象的整体促销，选取有国际影响力的明星名人做北京文化旅游的形象大使。旅游企事业单位和文化企事业单位要强强联合，共同促成联合营销。联合营销既有利于节约营销成本，也有利于北京整体形象的宣传与维护，从而营造良好的文化旅游氛围。

其次，应重点加强文化旅游信息网络等公共服务体系建设。北京游客中80%为散客，更需要准确的旅游信息、便捷的公共交通和完善的导游服务。因此，全市要建立旅游信息的汇总整合机制，将文艺演出、体育赛事、展览展会等各类活动信息进行汇总，通过北京旅游网，电台，电视台，进京的航班、火车、汽车，以及街区宣传栏、旅游咨询点、酒店、景区等各类旅游信息发布平台和渠道，及时发布展览展会、文艺演出等各类旅游活动信息及交通信息。还要不断完善安全、便捷的旅游交通网络和景区景点导游解说服务体系。

第一篇

文旅融合：北京市旅游业和文化创意产业耦合关系研究

第二章 旅游业和文化创意产业融合理论基础与研究进展

第一节 产业融合理论

"产业融合"是自 20 世纪 70 年代以来，随着以信息技术为核心的高新技术产业迅猛发展，基于大规模分工形成的产业边界逐渐模糊甚至消失，不同产业甚至同一产业内的不同行业间，逐渐突破原有的产业边界相互渗透、扩展甚至形成一个全新的产业的现象。该现象对于经济发展的促进作用得到了政府和学者的广泛关注。最早提出融合概念的是美国学者 Rosenburg，他将技术在各行业的扩散现象概括为"技术融合"。此后多年，越来越多的学者关注以技术创新和进步为主要特征的产业融合现象。而随着社会经济活动的发展，并非所有的产业融合都仍以技术为基础。旅游业和文化创意产业的融合发展，在某种意义上，不全是技术进步的结果。

文化是旅游的核心，休闲娱乐是文化创意产业的重要部分。旅游业和文化创意产业两者相互作用、相互影响的联系是两者融合的基础。两者通过互动融合，原有的产业边界逐渐模糊，形成了以文化创意为内涵的高品质旅游业、具有旅游功能的完善的文化创意产业，甚至形成兼具旅游业和文化创意产业特征的全新文化创意旅游产业，推动两大产业各自转型和升级的同时促进了经济发展。

第二节 产业融合研究综述

国外学术界对"产业融合"的关注源于美国学者 Rosenburg，他基于对美国机械设备业演化进程的研究提出"技术融合"。1978 年，麻省理工学院 Nicholas Negroponte 用三个交叉的圆圈描述了计算机、印刷和广播三个产业的技术边界，提出三个圆圈的交叉处是成长最快、创新最快的领域。Nicholas Negroponte 的这一著名图例启发了众多学者此后循着他的思路，相继在各自领域展开产业融合研究。我国最早进行产业融合研究的是于刃刚，他在 1997 年首次提到在第一、第二和第三产业出现了产业融合现象[9]。本节从产业融合的概念、效应以及类型三个方面对产业融合的研究进行回顾。

一、产业融合概念

"产业融合"研究持续多年,然而由于学者们基于不同的角度将其运用到不同领域,对于"产业融合"概念的界定存在差异。国内外产业融合的概念界定如表2-1所示。

表2-1 国内外产业融合的概念界定

区域	产业融合的定义
国外	(1)产品功能和性质完全无关的产业因采用通用技术而导致的独立化过程称为"技术融合"[10](Rosenburg N,1963); (2)产业融合是为了适应产业增长而发生的产业边界的收缩或消失[11](Greenstein & Khanna,1997); (3)产业融合是指产业联盟和合并、技术网络平台和市场等三个角度的融合[12](欧洲委员会,1997); (4)采用数字技术后原本各自独立的产品的整合[13](Yoffie,1997); (5)两个或两个以上过去各自独立的企业,当它们的企业成为直接竞争对手时就发生了融合[14](Malhotra,2001); (6)产业融合是通过技术革新和放宽限制来降低行业间的壁垒,加强行业间的竞争合作关系[15](植草益,2001); (7)产业融合是指由于技术变革引发的产业边界重新界定[16](Lind,2005)
国内	(1)产业融合是高新技术及其产业作用与传统产业,使得两种(或多种)产业合成一体,逐步成为新的产业[17](卢东斌,2001); (2)新旧经济的产业融合发展是指高新技术产业作用于传统产业,使得两个以上产业能够为一体,逐步发育成长为新的产业[18](岭言,2001); (3)产业融合并不是原先就存在的,也不是与产业分工同时产生并列存在的,而是从产业分离中演变过来的,是产业边界固化走向产业边界模糊化的过程[19](周振华,2002); (4)产业融合是指不同产业或同一产业内的不同行业相互渗透,相互交叉,最后融为一体,逐步形成新产业的动态发展过程;同时在这一过程中还会发生既有产业的退化、萎缩乃至消失的现象[20](聂子龙、李浩,2003); (5)产业融合是指不同产业或同一产业内的不同行业,通过相互渗透、相互交叉,最终融为一体,逐步形成新产业的动态发展过程,结果是出现了新的产业或新的增长点[21](厉无畏,2003); (6)产业融合是不同产业或同一产业内的不同行业在技术与制度创新的基础上相互交叉、相互渗透,逐渐融为一体,形成新型产业形态的动态发展过程[22](何立胜、李世新,2005); (7)产业融合是由于技术进步和放松管制,发生在产业边界和交叉处的技术融合,改变了原有工业产品的特征和市场需求,导致产业的企业之间竞争合作关系发生改变,从而导致产业界限的模糊化甚至重划产业界限[23](马健,2006); (8)以前各自独立、性质迥异的两个或多个产业出现产业边界的消弭或模糊化而使彼此的企业成为直接竞争者的过程[24](李美云,2007); (9)产业融合是产业间分工的内部化,或者说是产业间分工转变为产业内分工的过程和结果[25](胡永佳,2008);

国内外学者对于产业融合概念的界定虽然各有差异,但通过以上总结可以看出,学者们从本质上都认同产业融合是一种新的经济现象,而且随着产业融合在各个领域的广泛应用,国内外对于产业融合的界定范围也从最初的"技术融合"扩展到普遍适用的"产业融合"。

二、产业融合效应

产业融合可产生六大效应[26]（陈柳钦，2007）：有助于促进传统产业创新，进而推动产业结构优化与产业发展；有助于促使市场结构在企业竞争合作关系的变动中不断趋于合理化；能够导致企业组织之间产权结构的重大调整，有助于引发企业组织结构的创新；有助于产业竞争力的提升；有助于消费层次的提升；有助于推动区域经济一体化。

三、产业融合类型

国内外学者分别基于技术、市场、产品和产业的角度对产业融合进行了分类。基于技术的角度，将产业融合分为替代性融合和互补性融合[11, 27]（Greenstein & Khanna，1997；张磊，2001）。基于市场供需的角度，将产业融合分为需求融合和供给融合[14, 28-29]（M.Pennings & Purannam，2001；Malhotra，2001）。基于产品的角度，周振华（2003）把产业融合分为替代型融合、互补型融合和结合型融合[19]，王丹（2008）把产业融合分为替代型融合、互补型融合和改造型融合[30]。基于产业的角度，胡汉辉和邢华（2003）将产业融合分为产业渗透、产业交叉、产业重组[31]。聂子龙和李浩（2003）提出四种形式：高新技术的渗透融合、产业间的延伸融合、产业内部的重组融合以及全新产业取代传统产业的融合[20]。

第三节 文旅融合研究综述

一、国外研究回顾

国外旅游业和文化创意产业的融合在两大产业发展的实践中很早就出现了。1990年，韩国设立了"文化产业局"，后将文化创意、观光事务等合并成"文化观光部"。新加坡将主题乐园、音乐剧院等归入文化创意产业。随着创意产业的发展，欧美、澳大利亚等国家也纷纷将旅游业的一部分纳入文化创意产业。

学术研究的重点一直在于创意产业。随着创意产业在各行各业的延伸，"创意旅游"概念被理查德（Richards）和雷蒙德（Raymond）提出，他们认为创意旅游是指能够通过让游客参与具有学习体验性的旅游活动、激发游客创意潜力的旅游形式[32]（Greg Richards & Crispin Raymond，2000），强调游客的以创意为主体的体验性消费。创意旅游被看作文化旅游的一种外延[33, 34]（Greg Richards，2005；Greg Richards & Julie Wilson，2006）。它的出现在某种意义上反映了旅游市场对文化旅游存在不满意[35]（Smith M，2006），这种不满意主要是由于传统文化旅游的活动缺乏参与性且趋于标准化，相比之下，创意旅游游客在旅行过程中主动多于被动，学习多于参观，自身得到发展的同时促进了经济发展[33]（Richards，2005）。创意旅游活动的设计可以依照当地手工艺、传统文化或者其他特色[34]（Greg Richard & Julie Wilson，2006）。除了美食和美酒的传统体验，游客通过参与创意旅游活动也可以亲身体验到当地特色艺术、手工艺品、语言或者运动项目。在这种观点下，旅游目的地整合当地所特有的文化资源，开发出创意性的旅游体验产品和活动，因而，创意旅游的主要推动者是目的地的生产者[33]（Greg Richards，2005）。联合国教科文组织则更强调游客在创意旅游中的主动权，提出创意旅游是游客为了获得创意体验而参与到具有地方传统文化特色的旅游活动中的旅游形式[36]（UNESCO，2006）。

尽管对创意旅游的主导权归属的观点有所差异，但国外学者们都强调了创意对于旅游业发展的重要作用。

二、国内研究回顾

在中国，香港首次将创意产业的概念延伸到文化旅游。2004年《文化及相关产业分类》中，旅游被纳为文化产业的一部分。此后，国内学者们关于旅游业和文化创意产业融合的研究逐渐增加。结合本研究需要，本研究从研究内容、研究方法和研究案例三个方面回顾国内文化创意产业和旅游产业融合发展的相关研究。

（一）研究内容回顾

从研究内容看，国内旅游业和文化创意产业融合发展的研究主要集中在两者融合关系、动因、机制、模式和效应五个方面。

1. 文化创意产业和旅游产业融合关系

旅游业和文化创意产业两者具有天生的融合关系，二者相互依存、互生共融、互促互进[37]。从旅游产业角度来说，随着旅游业的成熟，旅游者参与旅游活动越来越注重体验性和文化内涵[38,39]；从文化创意产业角度，按照《北京市文化创意产业分类标准》，"旅游、休闲娱乐"包括在内，是文化创意产业的重要范畴[40]。总之，消费者需求和两大产业内部发展的需求共同塑造了两者融通发展的属性。

2. 文化创意产业和旅游产业融合动因

在旅游业和文化创意产业的融合发展中，根本动力是旅游需求的提高，推动因素是企业对利益的追求以及产业自身转型升级的需求，支持因素是政府、经济、科技和文化等宏观环境的影响。杨娇（2008）提出在旅游业和文化创意产业的融合发展中，文化创意旅游产品、旅游企业和文化创意企业、文化创意旅游客源是核心三要素，旅游需求的提高是根本动力，旅游资源观的改变是内在要求，技术的进步与创新是催化因素，政府管制的放松是外部刺激[41]。李洋洋（2010）在其硕士论文中将推动两大产业融合的因素概括为驱动因素和动力因素，并构建产业融合动力系统机制[42]。张玉蓉等（2014）提出技术进步、政府规制放松和旅游发展的"创意转向"是经济背景下旅游业与文化创意产业融合发展的根本动因[43]。马琳（2014）提出文化创意产业与旅游产业融合发展是由于是旅游产业内部发展需求的牵引和政府等宏观环境的助推[44]。

3. 文化创意产业和旅游产业融合机制

文化创意产业通过向旅游业提供永续更新的文化创意，旅游业通过向文化创意产业延伸服务[41]（杨娇，2008），经历企业间的技术融合、产品融合、业务融合和市场融合[43]（张玉蓉等，2014），最终实现了两大产业的融合。旅游业和文化创意产业融合前期主要是两大产业主要价值活动的识别，融合中期主要是对两大产业的活动进行重组与整合，融合后期主要形成并发展新型产业链，并拓展新型业务流程，最终形成旅游文化产业或者文化旅游产业[37]（王琳，2014）。

4. 文化创意产业和旅游产业融合模式

杨娇（2008）和李洋洋（2010）把旅游业和文化创意产业融合模式分为渗透型、重构型、延伸型三种。伍鹏（2012）提出通过旅游景区开发、旅游节庆策划、旅游目的地形象策划、旅游企业市场营销、旅游商品开发与文化创意分别融合的五种促进文化创意产业与旅游业融合发展的途径[45]。王欣等（2014）提出四种旅游业和文化创意产业的融合模式：横向扩展型、纵向延伸型、交叉渗透型、产业重构型，并分析了在不同的融合模式中政府应该发挥的作用[46]。朱迎和尚徐艳（2014）从分析文化创意产品国际贸易结构的视角出发，提出旅游业和文化创意产业融合的三种模式：延伸型、渗透型、重构型，并从企业行为和融合环境两个方面提出了推动我国旅游产业与文化创意产业融合的相关建议[47]。薛兵旺（2014）将旅游业和文化创意产业融通发展模式归纳为资源整合型、产业延伸型、创意互动型、节事会展型四种类型[39]。

有学者针对具体类型的文化创意产业或者旅游产业，进行了融合研究，包括民族文化旅游与文化创意产业的融合[48]（蒋才芳、田运海，2011）、博物馆旅游与文化创意产业的融合[49]（曾亚玲，2012）、古镇旅游和文化创意产业的融合[50]（马倩等，2012）、乡村旅游和文化创意产业的融合[51]（李霞，2013）、长城遗址旅游业和文化创意产业的融合[52]（郝欣，2015）、红色文化创意和旅游业的融合[53]（傅生生、赖春梅，2015），以及旅游业和文化创意产业的融合在大遗址旅游开发中的应用[54]（郝欣，2015）。

5. 文化创意产业和旅游产业融合效应

旅游业和文化创意产业的融合发展促进了旅游产业创新，进而推进了产业结构优化与产业发展；产业融合有助于提升旅游产业竞争力；产业融合有助于旅游需求消费和人才消费的提升[41]（杨娇，2008）。两大产业的融合发展产生三方面的催化效应：

一方面文化创意产业的发展丰富了旅游产业的内涵和外延,提升和深化了旅游产品,丰富了旅游者体验,推动了旅游业的纵向发展,成为旅游的新的经济增长点[45](伍鹏,2012);另一方面,旅游产业的发展完善和延伸了文化创意产业链,拓宽文化创意产品的市场空间,是文化创意产业发展的重要突破口;同时,两者融合发展也可能催生文化创意旅游新业态,产生巨大的经济效应[39](薛兵旺,2014)。

(二)研究方法回顾

对于文化创意产业和旅游产业融合的研究,除案例研究[40,55-57](卞少辉、韩健,2014;袁大伟,2014;郭会贤,2014;薄倩等,2014)等定性方法,有学者采用了协整分析模型、结构方程模型、回归分析和协调度模型等定量研究方法。

王琳(2014)利用协整分析模型验证了旅游业和文化创意产业融合关系,并通过耦合度模型计算得出:我国旅游业和文化创意产业的融合程度逐年提升,总体上从萌芽阶段过渡到起步阶段[37]。任志君(2014)利用耦合度模型计算张家界市文化创意旅游产业和旅游业融合发展水平,提出张家界市两大产业融合协调水平只达到了初级水平,仍有很大空间[58]。鲁皓等(2014)利用回归分析得出:供给因素、需求因素和环境因素对于两大产业融合发展有重要影响作用,企业资源观转变程度、资本融合能力、消费动机转变以及关联产业互动程度与产业融合效果显著正相关[59]。鲁皓和张玉蓉(2015)借鉴旅游功能系统模型基础,从供给推动力、需求拉动力、环境引导力和融合发展成功程度四个方面构建旅游业与文化创意产业融合发展动因及效果的评价指标体系,通过因子分析以及回归模型分析,得出:环境引导力是我国旅游业与文化创意产业融合发展的关键,供给推动力是我国旅游业与文化创意产业融合发展重要因素,需求拉动力是我国旅游业与文化创意产业融合发展影响因素[62]。陈国生和彭文武(2015)建立了旅游产业和文化创意产业发展水平测度指标体系,测算湖南省旅游产业和文化创意产业的综合发展水平,利用协调度模型计算两者协调度,并对各市州的两大产业协调度进行了测算,指出湖南省旅游产业与文化创意产业的协调度在空间分布上明显存在地区性差异[60]。张玉蓉等(2015)运用结构方程模型对市场资源、消费偏好、融合环境、融合发展效果等产业融合要素与融合创新度及产业竞争力的关系进行实证研究,结果表明:市场资源、融合环境与融合创新度显著正相关,与产业竞争力相关性不明显;消费偏好与产业竞争力显著正相关,与融合创新度相关性不明显;融合创新度与产业竞争力显著正相关[61]。

(三)研究案例回顾

龚巧林和陈慧芬[63](2011)、陈华丽[64](2013)、袁大伟(2014)和郭会贤(2014)分别以成都、厦门、泉州和河南省为例,提出了推进旅游业和文化创意产业深度融合发展的途径和对策。刘文辉和姚远[65]（2013）、卞少辉和韩健（2014）分别以江西省和河北秦皇岛为例，探讨了两大产业的融合发展模式。薄倩等（2014）通过案例分析长隆主题公园，实证了旅游业和文化创意产业的融合关系。任志君（2014）利用耦合度模型计算张家界市文化创意旅游产业和旅游业融合发展水平，提出张家界市两大产业融合协调发展仍有很大空间。陈国生和彭文武（2015）对湖南省及各市州文化创意产业和旅游产业融合程度进行了测算。林永珺（2015）以五大连池风景区为案例提出火山矿泉疗养文化与旅游业的三种融合模式[66]。

第四节　北京市文旅融合研究综述

旅游业和文化创意产业融合发展已经成为学界和产业界共识。作为北京市经济发展的两大支柱产业，两者如何良性融合对于首都经济至关重要。然而目前对于北京市文化创意产业和旅游产业两者融合发展的研究还比较少。仅王振如（2009）从经济、生态、美学、哲学四个视角肯定了北京市都市农业、生态旅游和文化创意产业融合的意义，从产业、功能和产品三个角度阐述了三者互为一体、相互提升、相互渗透的融合关系，根据北京都市农业、生态旅游和文化创意产业的区位、自然、人文功能及其核心要素，定位了三者融合发展的产业布局和发展类型，并针对三者融合发展提出了政策性建议[67]。

少数学者关注两者融合发展，但都是略过"融合"过程，着眼于"文化创意旅游产业"——旅游业和文化创意产业的融合创造的一种兼具文化创意产业和旅游产业双重性质的新业态[41]（杨娇，2008）。从旅游业和文化创意产业融合的模式来划分，现有文化创意旅游研究可以分为两部分。一是文化创意在旅游产业的延伸，是对于旅游业功能和产品的丰富。王欣和杨文华（2012年）提出了文化创意旅游系统模型，并提出了北京市文化创意旅游的总体发展思路[68]。二是旅游在文化创意产业的延伸，是对于文化创意产业功能和产品的丰富。薄倩等（2013）从旅游六大环节出发分析旅游业对于文化创意产业的带动作用，指出：旅游业中，游览、娱乐环节本身就对文化创意产业是一种推动；购物环节则间接地拉动了艺术品交易、文化娱乐的消费，从而可以针对性地发挥旅游业对文化创意产业的带动作用[69]。王昊和周凤杰（2014）以798艺术区为例，指出了其发展存在的不足，提出结局策略并分析了其未来趋势[70]。汤宇军等（2015）以北京市798艺术区和宋庄为案例，总结出文化创意产业集聚区的旅游功能延伸经历了"文化创意生产集聚"到"文化创意关联服务业发展"再到"旅游休闲多元功能发展"的三个阶段，并结合案例区发展情况总结了文化创意产业集聚区旅游功能发展的三个影响因素：供给、需求和外部条件，指出宋庄在时代背景、市场条件、创意阶层和经营者等方面与798很接近,但呈现与798不同的发展轨迹:798模式为城市功能区型、政府引导型、多元功能复合型、休闲型的文化创意旅游功能区;宋庄模式为独立功能区型、政府主导型、核心功能支撑型、度假型的文化创意旅游功能区[71]。王培英(2014)从政府支持、资源整合、产品开发、人才培养四个方面初步探析了北京市文化旅游创意产业发展路径[72]。杨培玉和王培英(2015)分析了文化旅游创意产业的驱动因素[73]。

通过回顾和梳理产业融合、旅游业和文化创意产业融合以及北京市旅游业和文化创意产业融合研究的文献,本书可得出以下结论:

(1)国内外对产业融合的研究越来越多,成果丰富,对于产业融合的概念、动因、类型和作用等方面的研究相当完善。但大多仍停留在理论层面,需进一步结合实践进行验证和探讨。

(2)国外在旅游业和文化创意产业融合发展的实践方面很成熟,但是研究还是更着重"创意旅游",强调创意对于旅游业发展的重要作用,提倡运用创意促进旅游业的发展。但对于创意产业和旅游业两者的互动融合发展鲜有涉及。国内对于旅游业和文化创意产业的研究,研究内容方面,对融合关系、融合动因、融合机制、融合效应、融合模式等的研究比较丰富;研究方法方面,定量研究较少,研究方法、研究角度等方面都还需要进一步补充和完善,运用耦合协调模型结合熵值赋权法、从时空两个角度对某个城市或地区旅游业和文化创意产业耦合关系的研究尚未有学者涉及;研究案例方面,涉及城市和地区较广泛,但是仍无学者对文化创意产业较发达地区(如北京、上海、深圳等地)的旅游业和文化创意产业的融合进行研究。

(3)关于北京市旅游业和文化创意产业的融合,研究的学者尚少,而且现有研究更多的是从文化创意在旅游业的延伸和旅游在文化创意产业的延伸两个角度,关注旅游业和文化创意产业融合发展产生的"文化创意旅游"和"文化旅游创意"产业。对于北京市旅游业和文化创意产业融合关系、融合模式和路径等,仍缺乏系统研究。在研究方法上,也缺乏定量研究。

第三章 北京市旅游业和文化创意产业融合现状

第一节 产业发展现状

一、旅游业

北京不仅是全国的政治、文化以及交通枢纽，更是举世闻名的历史文化名城和古都。三千多年的发展历史，为北京留下了丰富的旅游资源。北京全市现有对外开放的旅游景点达 200 多处，是全球拥有世界文化遗产最多的城市，据统计全市共有文物古迹 7309 项，具有得天独厚的旅游业发展优势。

（一）旅游产业综合情况

整体上，北京市旅游业在 2005—2016 年保持增长态势，如图 3-1 所示。旅游收入方面，2005—2016 年，收入始终保持增长，从 2005 年的 1593.4 亿元上升到 2016 年的 5023 亿元。从旅游总收入的增长速度来看，波动较大，2005—2007 年，年增长率保持上升；2008 年在"金融危机"和"奥运年"的双重影响下，年增长率剧烈下降，仅为 5.52%；2009—2011 年，金融危机结束，"奥运效应"显现，年增长率恢复上升趋势；2012 年后旅游业整体进入稳定期，总收入增长速度逐渐减小；2015—2016 年，增长率

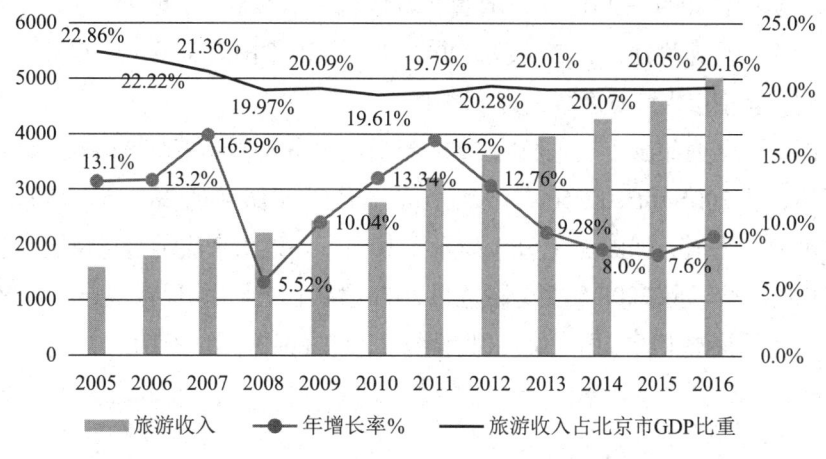

图 3-1 2005—2016 年北京市旅游收入

小幅攀升。从旅游收入占全市 GDP 比重来看，2005—2016 年比值均在 20% 左右，远超过占全市 GDP10% 的支柱产业标准，已经成为北京市经济发展的重要增长点和支柱产业之一。而且旅游产业的发展具有明显的乘数效应，带动了餐饮、住宿、交通、金融以及保险等行业的发展，对首都经济发展的作用举足轻重。

（二）旅游市场情况

2005—2016 年，北京市旅游接待总人数迅速增长，从 2005 年的 12 862.9 万人次上升到 2016 年的 28 531.5 万人次，如图 3-2 所示。

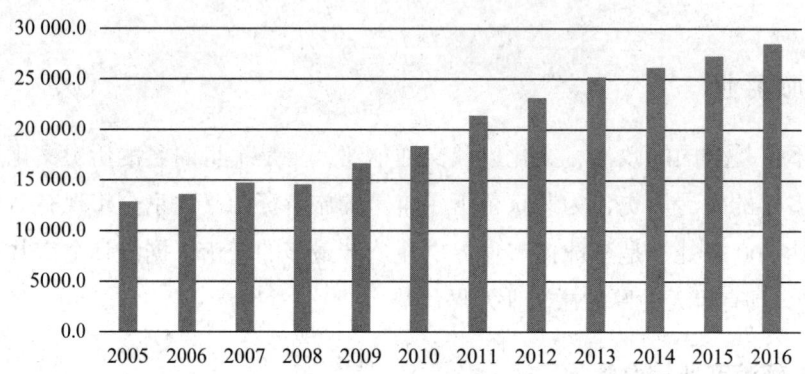

图 3-2　2005—2016 年北京市旅游接待总人数（万人次）

具体而言，入境旅游者从 2005 年的 362.9 万人次上升到 2016 年的 416.53 万人次，但入境旅游人数波动变化较大，呈现出阶段性，如图 3-3（a）所示。第一阶段，2005—2007 年，呈增长趋势；第二阶段，2008 年，"奥运年"没有带来预期的结果，北京入境旅游市场剧烈下滑，较 2007 年下降 12.97%，主要是由于 2008 年美国次贷危机引发全球金融危机，各国经济及居民购买力水平下降，波及北京甚至全国入境旅游市场；第三阶段，2009—2011 年，随着金融危机影响减弱，"奥运年"效应凸显，北京入境旅游人数高速增加；第四阶段，2012 年后，由于国际关系、雾霾天气、人民币升值等影响，北京市入境游客数量持续减少。

相较而言，国内旅游市场人数除 2008 年受金融危机影响下降 0.69%，国内旅游市场发展平稳，从 2005 年的 12 500 万人次稳定上升到 2016 年的 28 115 万人次，但近年来发展速度趋于平缓，如图 3-3（b）所示。其中，外地来京旅游市场情况与整体国内旅游市场情况吻合，除 2008 年受金融危机影响下降 4.17%，均保持增长，如图 3-3（c）所示。在京市民旅游市场方面，始终保持增长，如图 3-3（d）所示。

第三章 北京市旅游业和文化创意产业融合现状

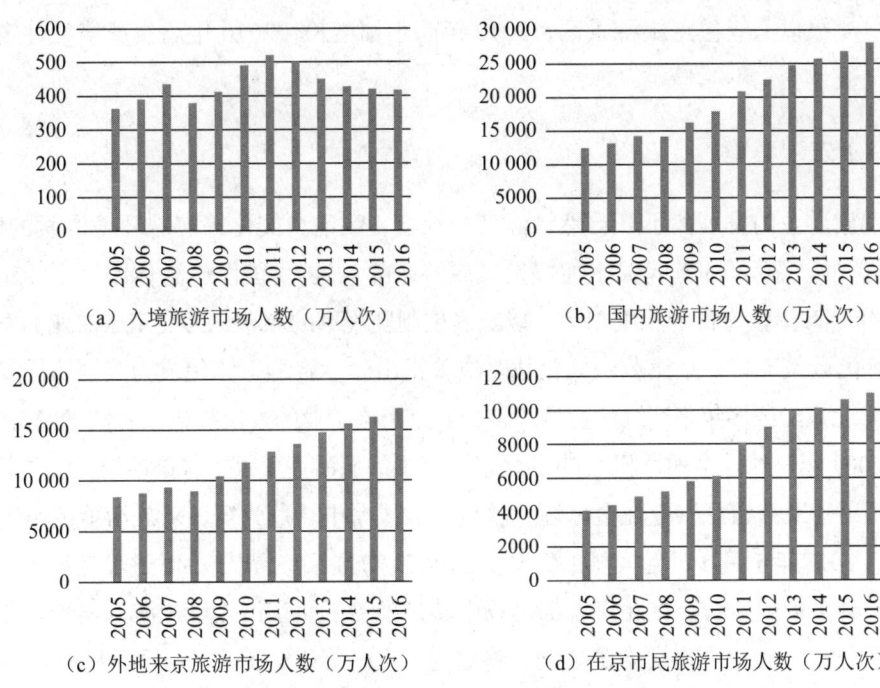

图 3-3　2005—2016 年北京市旅游市场情况

（三）旅游企业情况

2005—2016 年北京市星级饭店、旅行社及景区数量如图 3-4 所示。从数量上看，北京市星级饭店数量变化可以大致分为两个阶段：2009 年以前，由于旅游行业整体上升，对星级饭店的需求持续增加，因而星级饭店数量不断增加；2009 年以后呈下降趋势，一方面是因为星级饭店评定制度的原因，每年评定时，经营不善的星级饭店会被摘星，另一方面，随着北京旅游市场趋于饱和，星级饭店利润减少，逐渐退出市场。而随着人们经济水平的提高和闲暇时间的增加，出行需求不断增加，旅行社的数量持

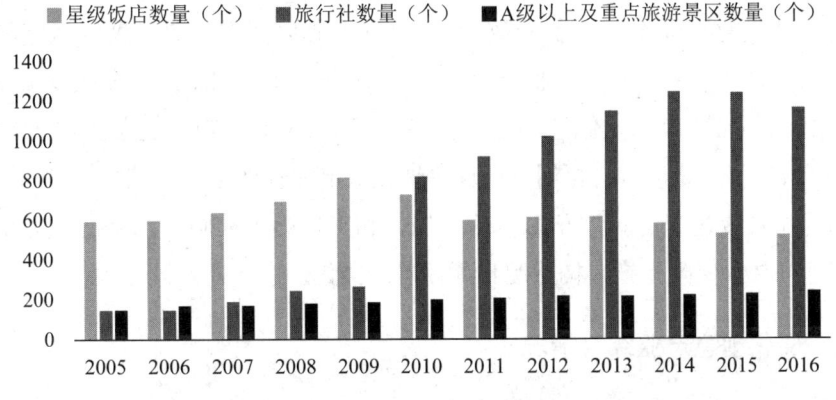

图 3-4　2005—2016 年北京市星级饭店、旅行社及景区数量

续攀升。A级以上级重点旅游景区，2010年前小幅增长，2010年后在严格的评定标准控制下，数量变化不明显。

（四）宏观环境

北京旅游业的发展离不开自然、经济、社会、政治、文化等宏观环境因素的影响。《旅游法》的实施，《国务院关于加快发展旅游业的意见》《国民旅游休闲纲要（2013—2020）》年等政策性文件的相继出台，以及多项制度规章的颁布，为北京旅游业的发展提供了良好的政策支持。京津冀一体化战略决策提出后，旅游一体化成为三地协同发展的"引擎"。北京经济多年来连续快速增长，为北京市旅游业的发展提供了扎实的经济基础。2007—2009年全球性金融危机大挫了北京及全国的旅游业发展。2008年前后，"奥运效应"的辐射让北京市旅游业在全球性金融危机的风暴中转危为安，对旅游业的影响意义深远。自2013年1月1日起实施的针对美国等51个国家实行72小时过境免签政策，吸引了越来越多的国际游客在北京首都机场中转，推动了北京市入境旅游的增长。北京—张家口联合申办2022年冬奥会的成功，将成为北京旅游业发展的又一重大机遇。

二、文化创意产业

北京有着三千多年建城史和八百多年建都史，是历史文化名城和世界闻名的古都，历史文化资源十分丰富，是发展文化创意产业的天然沃土。同时，北京作为全国的政治、文化中心，加之"国家首都，国际城市，文化名城，宜居城市"的城市功能定位，为北京市发展文化创意产业提供了巨大优势。

（一）文化创意产业政策

依托深厚的文化底蕴、雄厚的科技实力和开放的人文环境，20世纪90年代，北京市率先提出发展文化创意产业，2005年北京市委九届十一次全会确立发展文化创意产业、打造创意之都的发展战略，并成立了文化创意产业领导小组，至今陆续颁布《北京市促进文化创意产业发展的若干政策》《北京市文化创意产业集聚区认定和管理办法（试行）》《北京市文化创意产业分类标准》《北京市文化创意产业发展专项资金管理办法（试行）》《北京市文化创意产业投资指导目录》《北京市文化创意产业提升规划（2014—2020年）》《北京市文化创意产业集聚区认定和管理办法（试行）》等政策文件，同时，制定了税收优惠、贷款贴息、信用担保和支持影视动画、网络游戏等重点行业发展的实施办法及保障措施，构建起日臻完善的文化创意产业政策体系。

（二）文化创意产业综合情况

在政府的大力支持和积极引导下，北京市文化创意产业蓬勃发展，充分发挥了全国文化中心的示范作用。增加值方面,在 2005—2016 年间,文化创意产业增加值[①]从 2005 年的 700.7 亿元增长到 2016 年的 3581.1 亿元(见图 3-5),增幅约达 411%。文化创意产业增加值占北京市 GDP 的比重由 2005 年的 10.10% 达到 2016 年的 14.00%(见图 3-5),成为首都经济的新增长点之一,是北京市经济发展的一个重要支柱。就业方面,2016 年,文化创意产业从业人员平均人数 198.1 万人,占北京全市从业人员年末人数的 16.24%(见表 3-1),说明文化创意产业带动北京市就业成效明显。

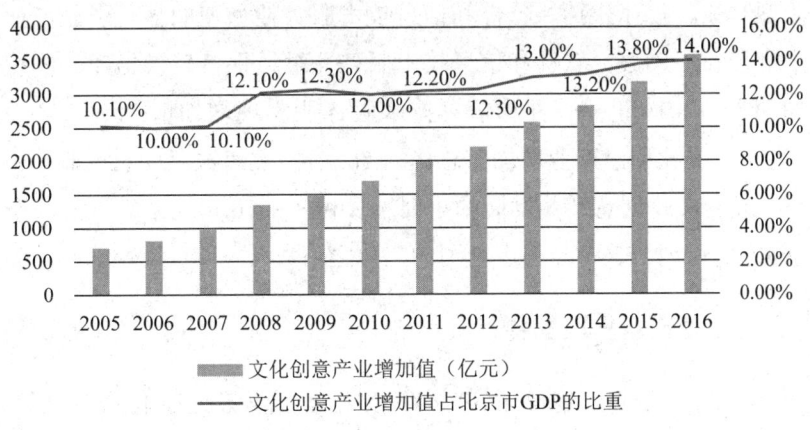

图 3-5　2005—2016 年北京市文化创意产业增加值

表 3-1　北京市文化创意产业从业人员(单位:万人)

	2005	2006	2007	2008	2009	2010	2011	2012	2013	2014	2015	2016
J_1	84	89.5	102.5	107	114.9	122.9	140.9	152.9	183.6	191.6	202.3	198.1
J	878	919.7	942.7	980.9	998.3	1031.6	1069.7	1107.3	1141	1156.7	1186.1	1220.1
J_1/J	9.56%	9.73%	10.87%	10.91%	11.51%	11.91%	13.17%	13.81%	16.09%	16.57%	17.05%	16.24%

注:J_1 表示北京市文化创意产业从业人员平均人数,J 表示全市从业人员年末人数。

(三)文化创意产业体系

在北京市政府的大力推进和扶持下,北京市文化创意产业已经形成包括文化艺术,新闻出版,广播、电视、电影,软件、网络及计算机服务,广告会展,艺术交易,设计服务,旅游休闲娱乐,其他辅助服务等九大类的多元化产业体系。

软件、网络及计算机服务,新闻出版,广告会展,广播、电视、电影等四大优势行业已经成为北京市文化创意产业发展的主体力量。2016 年,广播电视电影、软件和

---

① 本书所用文化创意产业数据均为规模以上文化创意产业数据。规模以上文化创意产业统计范围是指年主营业务收入 500 万元及以上的文化创意产业法人单位,制造业年主营业务收入 2000 万元及以上,批发企业年主营业务收入 2000 万元及以上,零售业年主营业务收入 500 万元及以上。

信息技术、文化休闲娱乐成为固定资产投资的热点领域，占比合计达85.0%。重点项目继续成为固定资产投资增长的重要支撑，从区位分布看，通州、海淀、房山、昌平、大兴、朝阳六区投资成为主要来源，均超过10亿元，共计完成325亿元，占总投资的87.6%。

北京文化创意产业各行业在保持稳步增长的同时，产业内部结构深化调整，与数字技术、"互联网+"等紧密相关的新领域、新业态、新模式蓬勃发展，带动全市文化创意产业转型升级、提速换挡。软件和信息技术服务业增速明显，引领产业发展。顺应文化科技融合发展趋势，软件和信息技术服务业继续保持较快增速，体量规模上主导地位更加明显。2016年，软件和信息技术服务业实现增加值2109.4亿元，同比增长11.0%，占全市文化创意产业增加值总量的58.9%。北京数字创意产业相关领域表现也非常突出，成为文化创意产业发展的重要增长极。2016年北京动漫游戏产业产值达521亿元，同比增长约15%，产值占全国的三分之一。

（四）文化创意产业集聚发展

2006年起，北京分4批建设了30个市级文化产业集聚区和众多区级文化创意产业集聚区，集中了北京市大部分的文化创意产业资源，覆盖了北京市16个区（见图3-6），其中，朝阳区有8个，海淀区有3个，东城区有2个，西城区有2个，丰台区有2个，石景山区有2个，通州区有2个，其余区各有1个集聚区。从空间分布看，城市功能拓展区有15个，首都功能核心区有4个，城市发展新区有6个，生态

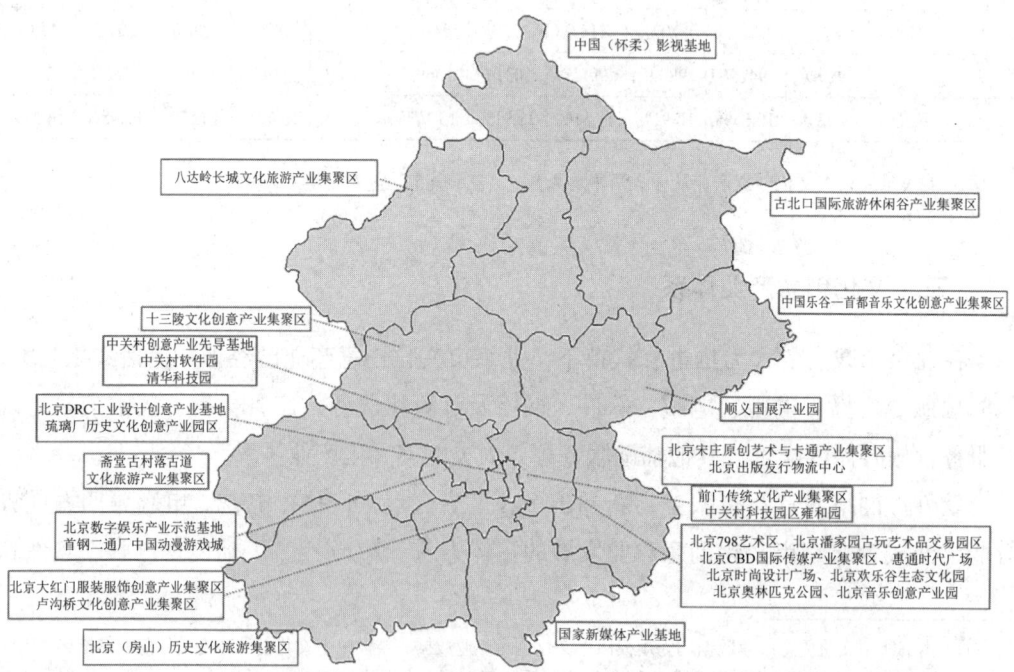

图3-6 北京市级文化创意产业集聚区空间分布

涵养发展区有5个；从行业分布看，文化艺术行业的集聚区有5个，新闻出版行业的集聚区有3个，广播、电视、电影行业的集聚区有2个，软件、网络和计算机行业的集聚区有6个，广告会展行业的集聚区有1个，艺术品交易行业的集聚区有2个，设计服务行业的集聚区有3个，旅游、休闲娱乐行业的集聚区有8个，如表3-2所示。目前，北京市文化创意产业呈集聚发展态势，空间和行业分布趋于合理，产业链条和配套设施不断完善，综合服务功能逐渐加强，影响力和知名度也逐渐得到提高，很大程度上引领和带动了全市文化创意产业的发展，是北京市发展文化创意产业的中坚力量。

表3-2 北京市文化创意产业集聚区类型分布

行业类型	数量	集聚区名称
文化艺术	5个	北京798艺术区、北京宋庄原创艺术与卡通产业集聚区、前门传统文化产业集聚区、中国乐谷—首都音乐文化创意产业集聚区、北京音乐创意产业园
新闻出版	3个	国家新媒体产业基地、惠通时代广场、北京出版发行物流中心
广播、电视、电影	2个	中国（怀柔）影视基地、北京CBD国际传媒产业集聚区
软件、网络和计算机	6个	中关村创意产业先导基地、北京数字娱乐产业示范基地、中关村科技园区雍和园、中关村软件园、清华科技园、首钢二通厂中国动漫游戏城
广告会展	1个	顺义国展产业园
艺术品交易	2个	北京潘家园古玩艺术品交易园区、琉璃厂历史文化创意产业园区
设计服务	3个	北京DRC工业设计创意产业基地、北京时尚设计广场、北京大红门服装服饰创意产业集聚区
旅游、休闲娱乐	8个	北京欢乐谷生态文化园、北京（房山）历史文化旅游集聚区、北京奥林匹克公园、八达岭长城文化旅游产业集聚区、古北口国际旅游休闲谷产业集聚区、斋堂古村落古道文化旅游产业集聚区、卢沟桥文化创意产业集聚区、十三陵文化创意产业集聚区

第二节 产业融合现状

作为北京市现代服务业的重要组成部分，北京市旅游业和文化创意产业得到北京市政府的高度关注和扶持。随着《国务院关于推进文化创意和设计服务与相关产业融合发展的若干意见》的出台，北京市政府制定《北京市关于推进文化创意和设计服务与相关产业融合发展行动计划（2015—2020年）》，明确提出促进北京市文化创意产业和旅游业融合发展。目前，北京市旅游业和文化创意产业融合成效显著，发展类型日趋多元化，主要包括文化创意产业园区旅游、影视旅游、主题公园旅游、历史文化街区旅游、节庆旅游等，形成一批具有代表性的融合发展项目（见表3-3）。

表 3-3　北京市旅游业和文化创意产业典型案例

案例代表	时间	融合机理
北京 798 艺术区	2003 年	老工业基地规划改造而成的文化创意产业区，以艺术衍生品展览、销售和体验为主要活动的文化创意型旅游地
北京宋庄原创艺术与卡通产业集聚区	2004 年	以艺术生产为核心，以艺术展览、销售和体验为主要活动的文化旅游小镇
中国（怀柔）影视基地	2006 年	以影视设计和生产体验、影视衍生品生产及体验、影视基地体验为特色的旅游地
北京欢乐谷生态文化园	2006 年	以文化为核心，以科技为支撑，以创意为手段打造的休闲游乐场所
"北京礼物"	2009 年	以北京传统文化的创意设计北京特色旅游商品
古北水镇	2014 年	以古北口军事文化、司马台长城文化、卧龙堡民俗文化等创意文化为主题，以"水镇"为特色，融入乌镇理念的综合型旅游度假目的地
环球影城	预计 2020 年	以电影文化创意为特色的主题公园型旅游地

第三节　产业融合模式

旅游业和文化创意产业的融合通常是通过文化创意产业向旅游业提供文化创意、旅游业向文化创意产业提供服务来实现两大产业的融合发展。通过产业融合，旅游业实现了旅游产品和服务的内涵的深化，文化创意产业实现了产业链的完善和丰富并拓宽市场渠道、增加知名度，两大产业相得益彰、互促互进。根据两者融合方式和融合程度的不同，旅游业和文化创意产业融合模式可分为三种：延伸型、重组型、渗透型（杨娇，2008；任志君，2014；李洋洋，2010）。

一、延伸型融合

延伸型融合主要通过两大产业之间的功能互补和业务延伸，通过在产业价值链的不同环节实现延伸，打破文化创意产业或旅游业原有的产业边界，两者发生交叉融合，从而形成新的产业模式并产生更强的产业竞争力。延伸型融合是最简单的产业融合模式，融合不会改变产业的本质。按照延伸方向的不同，延伸型融合模式可以分为两种：旅游业向文化创意产业延伸、文化创意产业向旅游业延伸。

（一）旅游业向文化创意产业延伸

旅游业向文化创意产业延伸主要是通过旅游功能的延伸完善文化创意产业的功能，延长产业价值链，促进文化创意产业发展。文化创意产业自身功能主要在文化创意产品的设计、制作、交易、衍生品的开发和人才的培训等方面。随着旅游者对文化品质追求的增加，文化创意产业自然对文化旅游者产生吸引力。旅游业的进入，通过在文化创意产业园区或者基地设立展示区和体验区，丰富旅游业体验的同时，拓展了文化创意产业的产业链，同时提升园区的市场知名度，从而促进文化创意产业的发展。

中国（怀柔）影视基地是 2006 年 12 月第一批批准建设的文化创意产业集聚区。中国（怀柔）影视基地以中影集团电影数字生产基地为核心，在集聚区内着力打造影视后期制作中心、专业技术服务中心、影视拍摄中心、影视展示与传播中心、影视版权交易中心、影视动漫制作中心、影视教育培训中心、影视制片公司集聚中心和影视旅游中心。近年来，中国（怀柔）影视基地结合怀柔生态观光、休闲度假、会议接待等旅游资源，发展以影视体验为主题的文化旅游。旅游业的进入一方面刺激周边区域酒店、餐饮行业的发展和基础设施的建设，促进了产业基地功能的完善；另一方面，随着旅游业的发展，影视基地的市场知名度得到提升，不仅有越来越多的游客涌入增加了额外收益，也吸引了更多的影视作品选择中影基地作为拍摄场地，从而促进了中国（怀柔）影视基地的发展。

（二）文化创意产业向旅游业延伸

文化创意产业向旅游业延伸主要是通过将文化创意运用到旅游业中，将文化创意和旅游业的食、住、行、游、购、娱相结合，丰富传统旅游产品内容，增强旅游产品和服务的体验性和内涵，从而促进旅游业的深化发展。

"北京礼物"是奥运会后，北京市政府为规范旅游商品市场而推出的北京旅游商品品牌。自 1997 年起，北京市政府就通过不定期举办旅游商品设计大赛向全社会征集创意以开发创意旅游商品。2009 年起，"北京礼物"正式上线，文化创意产品包括书画制品及衍生品、都市工业及创意产品、传统手工艺品、旅游景区纪念品等，形成政府引导、市场主导、企业主体经营的创意旅游商品模式。以故宫系列为代表的纪念品目前在北京的旅游市场受到广泛关注。文化创意的应用，丰富了以旅游纪念品为代表旅游产品的形式和内涵。

二、重组型融合

重组型融合模式是将旅游业和文化创意产业原有的产业价值链打散，将两者中最具市场价值的核心环节提取出来，重新融合形成一条新的产业价值链，形成新的融合型产业，促进了传统产业的升级和创新。重组型融合模式是产业融合的中级形式，通过旅游业和文化创意产业资源及活动的整合重组，形成一个全新的业态——文化创意旅游，兼具两大产业特征，通过全新的商业模式，提升目的地旅游吸引力、促进文化创意产品的销售，同时促进了两大产业发展。

以 2008 年北京奥运会为代表的体育旅游是重组型融合模式的典型案例。北京奥运会是体育盛事，但是总结历届奥运会经验，奥运会期间主办城市不仅会迎来众多来自世界各地的教练、运动员、工作人员和记者，同时必定会迎来大量的国内外支持者和观众，这些人平均逗留至少一夜，而且大都不是纯粹为了赛事而来，对主办国来说，无疑是一大批旅游客源，该现象即为"奥运效应"。从这个角度来说，体育和旅游已经无法分割，两者相互融合，产生了新的业态——体育旅游。为把握奥运会这一巨大商机，国家旅游局将2008年我国旅游宣传主题确定为"中国奥运旅游年"。北京市政府也投入大量资金改善北京市基础设施、景区环境以及提升旅游业服务水平。但在金融危机和"奥运效应"的双重影响下，2008年接待入境旅游379万人次，同比下降13%，接待国内旅游14 181万人次，同比下降0.7%；实现旅游总收入2219.2亿元，同比增长5.5%，其中入境旅游总收入同比下降2.6%，国内旅游收入同比增加8.7%。对于奥运赛事本身而言，2008年就已经结束。但对于旅游业来讲，2008年奥运会的举办提升了北京市国际形象和知名度，为北京吸引大量中外游客的辐射效应却持续更久。随着金融危机的结束，"奥运效应"凸显。2009—2012年，北京市旅游业总收入、入境旅游收入、国内旅游收入、接待总人次、入境旅游人次、国内旅游人次均实现持续性快速增长。和传统的旅游形式相比，体育赛事等和旅游融合产生的文化创意旅游展现出了强大的生命力和重复性，实现了旅游业和文化创意产业的"双赢"发展。

三、渗透型融合

渗透型融合模式通过将原属于文化创意产业或者旅游业的价值链活动环节，全部或部分无摩擦地渗透到另一产业中，相互融合，形成新型的产业，大大扩展了原有产业的价值链内涵，融合后的新兴产业内涵更丰富、竞争力更强，是产业融合的高级形式。按照渗透方向的不同，渗透型融合模式可以分为两种：旅游业向文化创意产业渗透、文化创意产业向旅游业渗透。

（一）旅游业向文化创意产业渗透

旅游业向文化创意产业渗透主要表现为赋予文化创意产业园区或生产基地以旅游功能，通过两大产业功能的互补来实现两者的融合。

北京798艺术区是通过旅游业向文化创意产业渗透实现两大产业融合发展的典型案例。798艺术区本身是一个文化创意产业集聚区，汇集了设计策划、网络、广播影视、时尚、画廊、摄影等创意机构，吸引了众多知名品牌在园区召开发布会等活动，是国际知名的文化创意产业园区；另外，园区先后建设了酒店、餐饮等配套设施，成为集文化创意生产基地、美食、观光、学习、旅游于一体的综合体。798艺术区旅游业和文化创意产业的融合，最初是利用旅游业和文化创意产业的功能互补，延伸了文化创意产业的价值链。随着园区知名度提升，又通过举办各种会展、节庆等活动吸引了更多的旅游者，如此循环反复、互促互进，加深了文化创意与旅游的融合程度。目前的 798 艺术区既具有文化创意产业的文化性、创意性、知识性的特点，又具有旅游的服务性、娱乐性的特点，两者互相融合，成为国际知名的文化创意旅游景点。有调查表明，798 艺术区已经成为国际游客来京必游的第二大景区[74]（宁泽群，2008）。

（二）文化创意产业向旅游业渗透

文化创意产业向旅游业渗透主要是文化创意产业借助其产品的文化内容优势以及广泛传播所获得的市场优势，通过某种技术创新和管理，将文化创意渗透到传统的旅游产品和服务中，开发具有文化内涵的旅游景区或景点。两者在渠道和内容上融合发展，文化创意产业以旅游景区或景点为载体增加真实性和体验性，也可借助著名旅游景点的知名度而拓宽市场渠道；旅游产品则借助文化创意丰富其内涵。

北京欢乐谷是由华侨城创办的集国际化和现代化于一体的主题公园，是国家 4A 级旅游景点，同时也是 2008 年 3 月第二批批准建设的北京市文化创意产业基地。一方面，结合文化创意，北京欢乐谷打造了峡湾森林、爱琴港、失落玛雅、香格里拉、蚂蚁王国、亚特兰蒂斯、欢乐时光等七大文化主题区，向游客提供多样的游乐设施的同时，以建筑、雕塑、园林、壁画、表演、游乐等多种形式向游客展示了地球的生态环境与地域文化；另一方面，2007 年大型舞蹈诗剧《金面王朝》以及首届国际魔术节成功举办后，北京欢乐谷华侨城大剧院不仅成为《金面王朝》的驻场演出剧院，而且先后承办了"腾讯 2007 星光大典""2008CCTV 元旦双语晚会"等重大活动，已经成为北京重要的文化活动基地之一。文化演艺已经成为北京欢乐谷的核心体验项目。文化创意的引入让游客在娱乐过程中体验了丰富的特色文化主题，同时提升了欢乐谷景区自身的品质和定位，成为北京市文化创意产业基地。

基于从旅游产业综合情况、旅游市场情况、旅游企业情况以及宏观环境四个方面对北京市旅游业发展现状的分析，可以看出：虽然仍然保持增长的趋势，但北京市旅游业的增速已经减小。导致这一结果的原因，一方面是因为旅游业非常脆弱，受 2012 年以来国际关系、雾霾天气、人民币升值等客观因素的影响；另一方面，从北京市旅游产业本身来看，中国其他地区和城市的经济和旅游业发展的加速，分流了来华旅游者；同时，业内人士普遍认为北京旅游产品同质化、老化，已经难以满足旅游者日益增长的品质需求。根据中国旅游研究院发布的《2014 年第四季度暨全年全国游客满意度调查报告和 60 个城市游客满意度排名报告》，2014 年全年综合排名前 10 位的城市依次是：无锡（78.62）、杭州（78.34）、青岛（78.13）、成都（77.92）、宁波（77.80）、苏州（77.68）、黄山（77.44）、重庆（77.23）、厦门（77.14）、珠海（76.80）。北京（75.97）仅位居第 13，未进前十，一定程度上反映了北京市旅游产业未能满足旅游市场对旅游产品和服务的日益增长的需求。如何提升旅游业产品和服务品质，保障北京市旅游业持续、快速增长，成为北京市旅游业面临的亟待解决的难题。就目前文化创意旅游的实践情况来看，将文化创意运用到旅游产业中，不仅能够增强旅游产品的吸引力，而且能够提高文化创意的知名度，两者相互反哺，是提升旅游产业产品和服务品质的有力手段。

基于对北京市文化创意产业综合情况、产业政策和产业体系的分析，可以发现，与旅游业相反，文化创意产业面临众多不利因素的情况下，2005—2016年间始终保持强劲的增长趋势，并形成特色的集聚化发展模式，快速成长为首都经济的重要产业支柱。随着文化创意产业规模和知名度的扩大，越来越多的消费者涌入文化创意产业园区，除了文化创意产品设计、展览和销售，如何满足消费者的餐饮、休闲等需求成为文化创意产业需要思考的问题。在2006年12月国家统计局北京调查总队与北京市统计局联合颁布的《北京市文化创意产业分类标准》中，旅游、休闲娱乐成为文化创意产业的九类产业之一，表明旅游、休闲娱乐功能成为文化创意产业完善其功能的重要手段。

综上，无论是从通过文化创意提升旅游品质从而保障旅游业健康发展角度，还是从通过旅游功能的注入延伸文化创意产业链角度，北京市旅游业和文化创意产业的融合发展已是必然。要推动两者良性融合，关键需要明确两者是否已经融合、目前融合到什么程度、未来可能的融合趋势，从而有针对性地提出促进两者融合发展的对策，这也是本书的主要关注点。

第四章 旅游业和文化创意产业耦合发展评价指标体系构建

为测量北京市旅游业和文化创意产业融合发展水平,本书采用定性和定量相结合的方法,利用源于物理学的容量耦合模型,通过文献梳理,建立北京市旅游业和文化创意产业耦合发展评价指标,然后一方面基于演进视角,对 2005—2016 年北京市旅游业和文化创意产业发展水平进行综合评价的基础上,对两者耦合协调关系进行计算和分析;另一方面基于空间视角,对于北京市 16 个区旅游业和文化创意产业发展水平进行综合评价,并对两者耦合协调关系进行计算和分析。从时空两个角度全方位、立体式地认识北京市旅游业和文化创意产业融合发展关系、融合程度以及未来趋势,进而提出推动两大产业良性耦合发展的对策建议,旨在促进旅游业和文化创意产业的发展,优化、加速首都经济发展。

第一节 模型选择

一、旅游业和文化创意产业发展水平评价模型

为保证权重的客观性,避免主观因素导致的偏差,本书采用熵值赋权法[75-77](陈明星等,2009;张琰飞,朱海英,2013;杜傲等,2014)计算各指标权重并对产业发展水平进行评价。主要步骤如下所示。

(一)数据标准化处理

由于各指标数据的量纲不同,为了消除指标量纲或测度量级的不同而造成的影响,需对各指标数值进行标准化处理。假设第 i 年第 j 个指标值为 x_{ij},设定此指标的最大值 x_{max} 和最小值 x_{min},同时,为避免熵值计算过程中对数计算无意义,指标经过无量纲处理后还需对数据进行非负化处理,借鉴相关文献处理方法,统一加 0.01[76](张琰飞,朱海英,2013),可得标准化结果:

$$X_{ij} = (x_{ij} - x_{\min})/(x_{\max} - x_{\min}) + 0.01 \tag{4-1}$$

其中：$i = 1, 2, \cdots, m$ 表示年份次序；$j = 1, 2, \cdots, n$ 表示指标个数；X_{ij} 为标准化后的值，表示对第 i 年系统功效贡献大小。

（二）指标权重确定

首先计算第 i 年第 j 项指标的比重 S_{ij}，然后计算第 j 项指标的熵值 h_j，接着计算第 j 项指标的差异系数 α_j，最后确定指标的权重 w_j。

$$S_{ij} = X_{ij} / \sum_{i=1}^{m} X_{ij} \tag{4-2}$$

$$h_j = -\frac{1}{\ln m} \sum_{i=1}^{m} S_{ij} \ln S_{ij} \tag{4-3}$$

$$\alpha_j = 1 - h_j \tag{4-4}$$

$$w_j = \alpha_j / \sum_{j=1}^{n} \alpha_j \tag{4-5}$$

（三）旅游业和文化创意产业发展水平计算

利用加权法测算北京市第 i 年文化创意产业或旅游产业发展水平 μ_i，计算公式为

$$\mu_i = \sum_{j=1}^{n} w_j X_{ij} \tag{4-6}$$

二、耦合协调度模型

协调度描述两个或两个以上系统相互作用影响的程度，协调程度决定了系统发展状况。源于物理学的容量耦合系数模型描述系统的相互影响和协同作用程度，后逐步用于地理、经济和旅游等研究领域。本研究利用耦合函数，构建旅游产业与文化创意产业耦合评价模型

$$C = \sqrt{(\mu_1 \cdot \mu_2)/(\mu_1 + \mu_2)^2} \tag{4-7}$$

其中：μ_1 表示旅游业综合发展水平，μ_2 表示文化创意产业综合发展水平。C 表示耦合度，$C \in [0, 1]$，C 值越接近 1，表示两个系统之间的耦合程度越高，两者耦合效果越明显，系统就能达到有序发展；C 值越接近 0，两个系统之间耦合度就越低，系统之间就越处于无关的状态。

由于旅游产业与文化创意产业是两个不同的系统，因此各自发展水平会存在差异，为了研究结果的真实性与可靠性，引入融合协调度模型，即

$$D(\mu_1, \mu_2) = \sqrt{C \cdot T} \tag{4-8}$$

$$T = \alpha \mu_1 + \beta \mu_2 \tag{4-9}$$

其中：D 表示耦合协调度；T 表示综合协调度，即旅游业和文化产业各自对耦合

度的贡献；α 和 β 为待定系数，借鉴相关文献做法（张琰飞，朱海英，2013；任志君，2014），考虑到旅游业和文化创意产业对北京市经济发展的同等重要性，α 和 β 各取 0.5。

为了更直观地反映旅游业和文化创意产业耦合协调关系，借鉴相关文献中的标准（鲍洪杰，王生鹏[78]，2010；张琰飞，朱海英，2013；杜傲等，2014；任志君，2014），根据耦合协调度 D 值，将二者耦合协调关系划分为严重失调、失调、协调、良好协调、优质协调五种类型（见表4-1）。耦合协调度值 $D \in [0, 1]$，当 $D = 0$ 时，耦合协调度最小，旅游业和文化创意产业的属于无关联关系；当 $D = 1$ 时，耦合协调度达到最大，表示旅游业和文化创意产业处于优质协调阶段，属于最佳的耦合发展状态；当 $0 \leq D \leq 0.4$ 时，旅游业和文化创意产业的融合发展基本处于无序状态，包含严重失调和失调两个阶段；当 $0.4 < D \leq 0.8$ 时，旅游业和文化创意产业的融合发展进入磨合阶段，两者相互促进、共同发展，包含协调和良性协调两个阶段；当 $0.8 < D \leq 0.1$ 时，旅游业和文化创意产业处于优质协调阶段，是耦合发展的高级阶段。

表 4-1　耦合协调度等级划分标准

耦合协调度 D	[0, 0.2]	(0.2, 0.4]	(0.4, 0.6]	(0.6, 0.8]	(0.8, 1]
协调等级	严重失调	失调	协调	良好协调	优质协调

第二节　指标体系构建

一、构建原则

（1）可得性和可操作性：选取的旅游业和文化创意产业融合发展评价指标必须具有现有官方公布数据可以查找，且指标对应的数据必须可量化，否则即使指标具有理论意义，也不具操作意义。

（2）精简性：在保证指标信息不遗漏、真实的前提下，选取具有典型代表性的指标，避免指标过于烦琐、相互交叉。

（3）实用性：以增加值为核心，充分体现旅游业和文化创意产业的综合发展水平，选取的指标应充分体现旅游业和文化创意产业相互促进、相互融合的耦合关系。

（4）可靠性：一方面，选取的指标要和旅游业和文化创意产业发展实际保持一致；另一方面，这些指标应尽量出现在类似研究中，方可保证其可靠性。

二、指标选择

遵循上述指标构建原则，借鉴刘飒[79]（2009）、鲍洪杰（2010）、马菲菲[80]

（2012）、胡艳超[81]（2012）、张琰飞和朱海英（2013）、王琳（2014）、陈国生和彭文武（2015）等提出的旅游业和文化创意产业发展评价指标体系，结合旅游系统模型[82-85]（Gunn，1972；Leiper，1979；吴必虎，1998；厉新建，2003），对旅游业的分析可以基于供给（目的地）和需求（客源地）两大方面。供给方面，主要是旅游吸引物、饭店等部门共同作用，提供旅游产品，选取了星级饭店数量、星级饭店营业收入、星级饭店从业人员平均人数、旅行社数量、旅行社营业收入、旅行社从业人员平均人数、A级以上及重点景区数量、A级以上及重点景区营业收入等产业供给指标；需求方面，主要分为入境和国内旅游两大市场，选取了旅游总收入、旅游总人次、入境旅游收入、入境旅游人次、国内旅游收入、国内旅游人次等市场需求指标。同时，结合本研究需要，选取了旅游总收入、旅游总收入占 GDP 比重为综合性指标（其中，旅游总收入既是市场指标，又是综合指标），以及反映旅游业和文化创意产业融合关系的产业融合指标，包括入境旅游者和国内旅游者文化娱乐消费分别占来京旅游消费的比重。

依据旅游业评价指标选取标准及《北京统计年鉴》统计标准，文化创意产业评价指标选取了资产合计、收入合计、从业人员平均人数等产业供给指标，文化创意产业增加值及其占 GDP 比重等综合性指标，以及产业融合指标即旅游、休闲娱乐增加值占文化创意产业增加值的比重。

表 4-2 旅游业和文化创意产业耦合发展水平评价指标

项目		指标	单位
旅游业评价指标	市场需求	旅游总收入	亿元
		入境旅游收入	万美元
		国内旅游收入	亿元
		接待总人次	万人次
		入境旅游人次	万人次
		国内旅游人次	万人次
	产业供给	星级饭店数量	个
		星级饭店营业收入	万元
		星级饭店从业人员平均人数	人
		旅行社数量	个
		旅行社营业收入	万元
		旅行社从业人员平均人数	人
		A 级以上及重点景区数量	个
		A 级以上及重点景区营业收入	万元
	产业综合	旅游总收入	亿元
		旅游总收入占 GDP 比重	%

续表

项目		指标	单位
旅游业评价指标	产业融合	入境旅游者文化娱乐消费占来京旅游消费的比重	%
		国内旅游者文化娱乐消费占来京旅游消费的比重	%
文化创意产业评价指标	产业供给	资产合计	亿元
		收入合计	亿元
		从业人员平均人数	万人
	产业综合	文化创意产业增加值	亿元
		文化创意产业增加值占 GDP 比重	%
	产业融合	旅游、休闲娱乐增加值占文化创意产业增加值的比重	%

第三节 数据来源

本书所用数据主要来源于 2006—2017 年《北京统计年鉴》。

缺失数据说明：文化创意产业 2005 年各指标数据由 2006 年数据及其增长率计算得出；2005—2014 年"旅游总收入"数据来源于北京市国民经济和社会发展统计公报，其中 2013 年"旅游总收入"数据来源于北京市旅游发展委员会，2005 年"旅游总收入"由 2006 年增长率（13.2%）计算得出。各区"旅游总收入"数据来源于北京市旅游发展委员会。

第五章 北京市旅游业和文化创意产业的耦合关系实证研究

第一节 北京市旅游业和文化创意产业耦合关系实证：演进视角

一、2005—2016年北京市旅游业和文化创意产业发展水平

参考 2006—2017 年《北京统计年鉴》，对数据进行整理和计算，依据产业发展水平评价模型，计算北京市旅游业和文化创意产业发展水平各评价指标权重及综合评价水平，得到如图 5-1 所示 2005—2016 年北京市旅游业和文化创意产业综合发展评价水平变化趋势图。

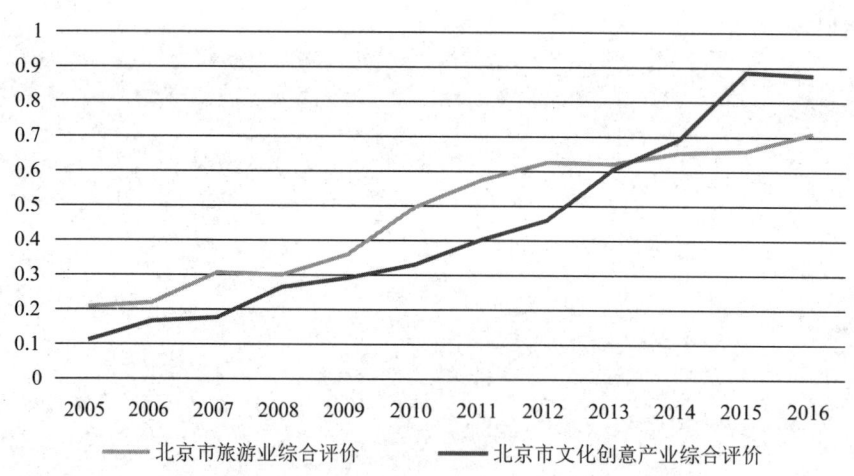

图 5-1 2005—2016 年北京市旅游业和文化创意产业综合发展评价水平变化趋势

从表 5-1 可以看出，在旅游业发展水平综合评价的各项指标中，"国内旅游者文化娱乐消费占来京旅游消费的比重"最高，为 0.097 254，该指标对旅游业综合发展水平评价的作用一定程度上印证了文化产业和旅游产业的融合关系。

表 5-1　旅游业发展水平的评价指标权重表

指标	权重 w_j
旅游总收入	0.062 669
入境旅游收入	0.031 357
国内旅游收入	0.064 98
接待总人次	0.071 306
入境旅游人次	0.051 976
国内旅游人次	0.072 044
旅游总收入占 GDP 比重	0.038 505
星级饭店数量	0.064 368
星级饭店营业收入	0.033 75
星级饭店从业人员平均人数	0.034 327
旅行社数量	0.089 361
旅行社营业收入	0.081 158
旅行社从业人员平均人数	0.074 262
A 级以上及重点景区数量	0.038 032
A 级以上及重点景区营业收入	0.059 823
入境旅游者文化娱乐消费占来京旅游消费的比重	0.034 828
国内旅游者文化娱乐消费占来京旅游消费的比重	0.097 254

从表 5-2 可以看出，在旅游业发展水平综合评价的各项指标中，"资产合计"所占权重最高，达 0.233 828，说明资产合计部分成为评价文化创意产业综合发展水平的关键因素。

表 5-2　文化创意产业发展水平的评价指标权重表

指标	权重 w_j
文化创意产业增加值	0.062 068
资产合计	0.233 828
收入合计	0.199 238
从业人员平均人数	0.193 933
文化创意产业增加值占 GDP 比重	0.183 765
旅游、休闲娱乐增加值占文化创意产业增加值的比重	0.127 168

从表 5-3 和图 5-1 可以看出，北京市旅游业发展自 2005 年以来，在波动中增长。

表 5-3 2005—2014 年北京市旅游业和文化创意产业发展水平

	2005	2006	2007	2008	2009	2010	2011	2012	2013	2014	2015	2016
旅游业综合评价	0.208	0.219	0.307	0.301	0.359	0.497	0.575	0.626	0.622	0.653	0.659	0.710
文化创意产业综合评价	0.112	0.167	0.177	0.265	0.291	0.330	0.402	0.459	0.606	0.692	0.885	0.876

可以分为四个阶段：(1) 第一阶段：2005—2007 年，旅游业保持较好的增长态势；(2) 第二阶段：2007—2012 年，在"奥运效应"等的辐射下，北京市旅游业保持稳步增长，且增速较快；(3) 第三阶段：2012—2014 年，2012 年后，由于国际关系、雾霾天气等因素的影响，旅游业发展缓慢。其中，2013 年，由于全年 53% 的雾霾天数以及 16.2% 的重度污染天数，北京市入境旅游受创，旅游业发展水平较 2012 年的 0.626 下降至 0.622；(4) 第四阶段：2014—2016 年。2013 年至 2014 年，旅游业增速大幅攀升，旅游业发展水平由 0.622 跃升至 0.653，在 2013 年旅游业受挫后，政府采取了强有力的措施，并取得了明显的效果。2014 年后也一直保持增长态势，旅游业发展水平从 2015 年的 0.659 再次跃升至 0.710，达到了历史新高。

从发展趋势上看，北京市文化创意产业自 2005 年至今，总体保持增长态势。从发展速度上看，自 2005 年北京市提出发展文化创意产业战略以来，文化创意产业发展势头强劲。2012 年之后，和旅游业增速放缓截然相反，文化创意产业势如破竹，综合水平和发展速度均超过旅游业。

可以看出，相对于文化创意产业，旅游业系统的发展更为脆弱，容易受到经济、政治、自然、社会等宏观因素的干扰而波动。

按照旅游业系统与文化创意产业系统的不同发展水平，可将两个产业发展关系划分为三种类型：$\mu_1 < \mu_2$，旅游业发展滞后型；$\mu_1 = \mu_2$，旅游业与文化创意产业发展同步型；$\mu_1 > \mu_2$，文化创意产业发展滞后型。从表 5-3 和图 5-1 可以看出，2005—2013 年属于文化创意产业发展滞后型，2013 年之后属于旅游业发展滞后型。这说明，2008 年之后"奥运效应"吸引了大批中外游客来京旅游，对旅游业的辐射作用非常明显。随着"奥运效应"辐射作用逐渐减弱，2013 年之后，旅游业发展速度减缓，文化创意产业反超。

利用 SPSS 对 2005—2016 年北京市旅游业和文化创意产业进行相关分析，两者在 5% 的置信水平下显著相关，相关系数为 0.925（见表 5-4），进一步验证了两者之间强烈的互动耦合关系。

表 5-4 2005—2016 年北京市旅游业和文化创意产业发展水平相关性分析

相关性		μ_1	μ_2
μ_1	Pearson 相关性	1	0.925**
	显著性（双侧）		0.000
	N	10	10
μ_2	Pearson 相关性	0.925**	1
	显著性（双侧）	0.000	
	N	10	10

注：μ_1 表示北京市旅游产业发展水平；μ_2 表示北京市文化创意产业发展水平；** 表示显著性 P 值小于 0.01，说明有显著相关性。

二、2005—2016 年北京市旅游业和文化创意产业耦合协调关系

（一）耦合协调度

基于耦合协调度公式，计算得到 2005—2016 年北京市旅游业和文化创意产业发展水平和耦合协调度如表 5-5 所示，并据此得到如图 5-2 所示北京市旅游业和文化创意产业耦合协调度变化趋势图。

表 5-5 2005—2016 年北京市旅游业和文化创意产业发展水平和耦合协调度

年份	μ_1	μ_2	D	D 增长率
2005	0.208 408	0.112 147	0.276 478	—
2006	0.219 479	0.166 807	0.309 305	11.87%
2007	0.306 608	0.177 42	0.341 493	10.41%
2008	0.301 061	0.264 539	0.375 634	10.00%
2009	0.358 834	0.291 369	0.402 086	7.04%
2010	0.496 584	0.330 255	0.449 982	11.91%
2011	0.574 637	0.402 068	0.490 24	8.95%
2012	0.626 17	0.458 956	0.517 727	5.61%
2013	0.622 352	0.606 037	0.554 139	7.03%
2014	0.653 374	0.691 859	0.579 802	4.63%
2015	0.658 585	0.885 319	0.617 893	6.57%
2016	0.709 889	0.875 949	0.627 917	1.62%

注：μ_1 表示旅游业发展水平，μ_2 表示文化创意产业发展水平。

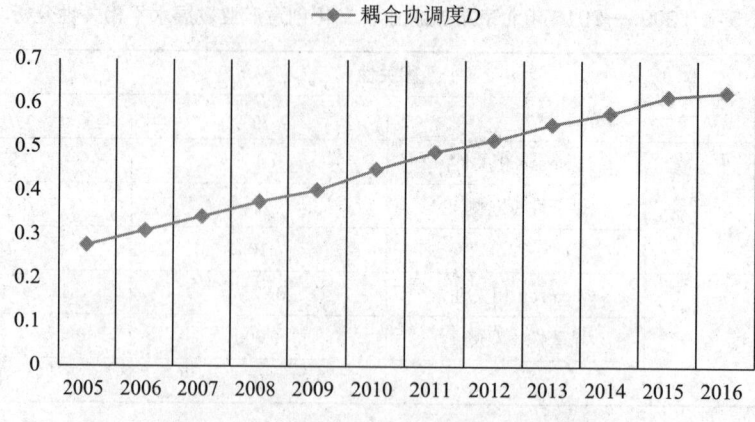

图 5-2 北京市旅游业和文化创意产业耦合协调度变化趋势

通过表 5-5 和图 5-2，整体上看，2005—2016 年，尽管旅游业和文化创意产业各自的发展水平有所波动，但北京市旅游业和文化创意产业两者耦合协调度不断提高，从 2005 年的 0.306 248 上升至 2016 年的 0.627 917，说明北京市旅游业和文化创意产业融合发展水平在不断提升，两者发展日益协调。

对耦合协调度 D 进行趋势拟合（见表 5-6 和图 5-3），调整后的 R^2 为 0.993，在 5% 的显著性水平下显著相关，拟合效果优。表明北京市旅游业和文化创意产业耦合协调度增长趋势明显，未来一段时间内，耦合协调度会沿着该趋势继续增长。

表 5-6 北京市旅游业和文化创意产业耦合协调度趋势拟合模型

模型汇总				
模型	R	R^2	调整 R^2	标准 估计的误差
1	0.997[a]	0.994	0.993	0.008 878 776

a. 预测变量：（常量），nf。

系数[a]							
模型		非标准化系数		标准系数	t	Sig.	B 的 95% 置信区间
		B	标准误差	试用版			下限	上限
1	（常量）	−68.720	1.964		−34.984	0.000	−73.250	−64.190
	nf	0.034	0.001	0.997	35.214	0.000	0.032	0.037

a. 因变量：D。

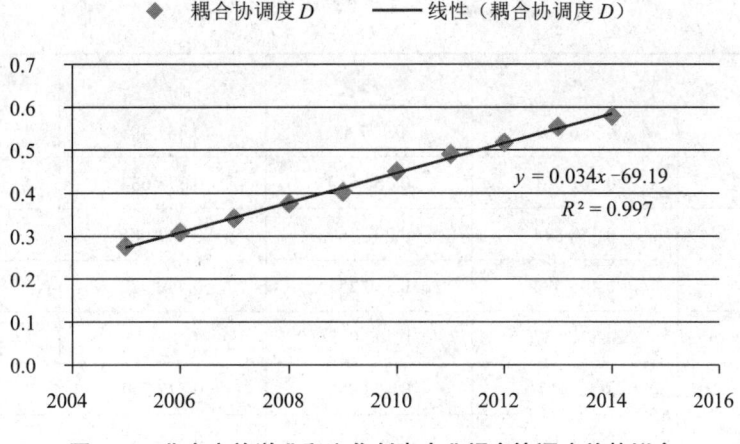

图 5-3　北京市旅游业和文化创意产业耦合协调度趋势拟合

从增长速度来看，2006 年文化创意产业发展初期，属于增长期；旅游业发展也风头正劲，两者耦合协调度由 0.276 478 增加至 0.309 305，增长率为 11.87%。受金融危机影响，2007 年，旅游业发展水平提高，文化创意产业发展水平稍微下降，虽然两者耦合协调度由 0.309 305 增长到 0.341 493，但协调度增长速度下降至 10.41%。2008 年文化创意产业发展水平恢复增长，旅游业发展水平下降，两者耦合协调度增加至 0.375 634，但增长速度持续下降至 10.00%。2009 年和 2010 年，旅游业和文化创意产业发展水平恢复同步增长，耦合协调度分别增加至 0.402 086 和 0.449 982，协调度增长速度分别增加至 7.04% 和 11.91%，这个阶段，旅游业和文化创意产业的耦合协调水平提升最快。2011 年后，旅游业和文化创意产业耦合协调度持续上升，但由于旅游业发展放缓，而文化创意产业进入蓬勃发展阶段，两者增长速度不一致，耦合协调度增加总体呈下降趋势，2016 年至 1.62%。进而说明，从产业融合角度，北京市旅游产业目前发展水平不能满足文化创意产业发展需求，旅游业发展空间还很大，还需要从旅游品质提升等方面进一步提高，从而推动旅游业和文化创意产业融合发展水平迈向更高等级。

（二）耦合协调类型

根据协调度等级划分标准（见表 5-7）判断，2005—2016 年北京市旅游业和文化创意产业融合发展的耦合协调度可划分为失调、协调、良好协调三种等级类型。

表 5-7　北京市旅游业和文化创意产业耦合协调类型划分

年份	μ_1	μ_2	D	耦合协调类型
2005	0.208 408	0.112 147	0.276 478	失调
2006	0.219 479	0.166 807	0.309 305	失调

续表

年份	μ_1	μ_2	D	耦合协调类型
2007	0.306 608	0.177 42	0.341 493	失调
2008	0.301 061	0.264 539	0.375 634	失调
2009	0.358 834	0.291 369	0.402 086	协调
2010	0.496 584	0.330 255	0.449 982	协调
2011	0.574 637	0.402 068	0.490 24	协调
2012	0.626 17	0.458 956	0.517 727	协调
2013	0.622 352	0.606 037	0.554 139	协调
2014	0.653 374	0.691 859	0.579 802	协调
2015	0.658 585	0.885 319	0.617 893	良好协调
2016	0.709 889	0.875 949	0.627 917	良好协调

1. 失调阶段（2005—2008年）

2005—2008年，北京市旅游业和文化创意产业耦合发展处于失调阶段，主要由于2005年北京市正式提出发展文化创意产业的重要战略，文化创意产业初步开始发展。而2005年的旅游业入境旅游和国内旅游全面恢复2003年"非典"之前的增长态势，保持较快的增长速度，以致旅游业和文化创意产业发展步调不一致。2007—2009年，全球性金融风暴爆发，波及北京市文化创意产业，2007年发展水平下降至0.177 42，而旅游业在"奥运效应"的影响下，发展水平仍保持增长至0.306 608；2008年文化创意产业恢复增长，发展水平上升至0.264 539，旅游业发展水平也上升至0.301 061。因此，2007年、2008年旅游业和文化创意产业发展水平此消彼长的发展态势导致两者发展始终未达一致，处于失调阶段。尽管如此，798艺术区、欢乐谷为代表的产业园区的快速成长，吸引了大批中外来京游客，很大程度上促进了旅游业和文化创意产业的互动融合，2005—2008年北京市旅游业和文化创意产业的耦合协调度从0.276 478增长至0.375 634，呈现出良性的发展趋势。

2. 协调阶段（2009—2014年）

2009—2014年，北京市旅游业和文化创意产业处于协调发展阶段，耦合协调度从0.402 086增长至0.579 802。随着金融风暴渐渐过去，旅游业逐渐复苏，一系列旅游政策的实施推动旅游业持续增长：2008年奥运会的经济辐射以及资源等效应逐渐凸显，北京市旅游业迎来了一波蓬勃增长。2008年起实行的新的国家法定假日方案，刺激了短程旅游的发展。2013年1月1日起施行的72小时过境免签政策，更是刺激了北京入境旅游的新增长。2009—2014年间，北京市旅游业发展水平由0.358 834稳定增长至 0.653 374。文化创意产业方面，金融风暴后，北京市政府着力培育，加快完善包含专项政策、融资政策、园区建设、人才引进等各方面的政策体系，保障了文化创意产业的恢复和发展。此外，随着北京市文化创意产业集聚区效应凸显，798 艺术区、宋庄等集聚区品牌影响力日益扩大，加之文化创意产业进出口贸易规模的不断扩大，2009—2014 年间，北京市文化创意产业发展水平由 0.291 369 稳定增长至 0.691 859。两大产业在 2009—2014 年间保持一致的增长趋势，因而融合水平也实现持续提升。

3. 良好协调阶段（2014 年后）

伴随着 2009—2014 年的良好、稳步的趋势，2014 年，北京市旅游业和文化创意产业的融合发展取得阶段性突破。2013 年 10 月 1 日起实行的《旅游法》为中国旅游业的发展提供了良好的法律保障。2014 年起第三套法定节假日方案的施行、职工带薪休假制度的推进以及一系列促进旅游发展意见的出台，保障旅游业持续增长。在稳健的经济环境以及政策体系的保障下，北京市文化创意产业初步形成集聚化、规模化效应，保持增长态势，且增长速度逐渐加快，反超旅游业。2015 年协调度达到 0.617 893，进入良好协调阶段，一方面因为旅游业发展水平增长至 0.658 585，文化创意产业发展水平增长至 0.885 319，两者保持一致增长；另一方面 2014 年开始营业的、融合了文化创意和旅游功能的文化创意旅游目的地——古北水镇，很大程度上推动了北京市旅游业和文化创意产业的融合实践。且按照图 5-3 所示耦合协调度拟合趋势图，未来一段时间，耦合协调度会保持增长趋势，维持良好协调并向优质协调阶段迈进。2015 年 10 月开工的通州环球影城，正式营业后将成为北京市首个世界级主题公园，有助于提升北京市旅游业和文化创意产业的耦合协调程度。

第二节　北京市旅游业和文化创意产业耦合关系实证：空间视角

本书选取 2015 年北京市 16 个区数据进行横向分析，从而总结北京市旅游业和文化创意产业耦合水平的空间分布规律。结合区域旅游业和文化创意产业发展特点，以及数据的可得性和可操作性原则，区旅游业和文化创意产业耦合发展的评价指标体系有所调整，其中旅游业评价指标包括旅游总收入等 7 个指标、文化创意产业评价指标包括收入合计等 4 个指标，如表 5-8 所示。

表 5-8 北京市各区旅游业和文化创意产业发展水平评价指标

项目	指标	单位
旅游业评价指标	旅游总收入	亿元
	旅游总收入占 GDP 比重	%
	入境旅游者人数	万人次
	星级饭店数量	个
	星级饭店营业收入	万元
	星级饭店利润总额	万元
	星级饭店从业人员平均人数	人
文化创意产业评价指标	收入合计	万元
	利润总额	万元
	应缴税金	万元
	从业人员平均人数	人

一、各区旅游业和文化创意产业耦合关系

（一）各区旅游业和文化创意产业发展水平

参考 2016 年《北京统计年鉴》，对相关数据进行整理和计算，依据产业发展水平评价模型，分别计算得到北京市 2015 年各区旅游业和文化创意产业发展水平如表 5-9 和图 5-4 所示。

表 5-9 2015 年北京市各区旅游业和文化创意产业发展水平[①]

区域	μ_1	μ_2
东城区	0.351 65	0.610 88
西城区	0.1818	0.866 18
朝阳区	0.444 05	0.906 21
丰台区	0.312 46	1.010 001
石景山区	0.270 51	0.959 67
海淀区	0.2978	0.902 417
房山区	0.361 71	0.201 458
通州区	0.188 67	0.312 105

---

① 2015年后，北京市旅游委员会不再统计各区旅游总收入数据，由于关键数据缺失，无法计算2016年北京市旅游业和文创产业发展水平。

续表

区域	μ_1	μ_2
顺义区	0.171 93	0.315 002
昌平区	0.126 07	0.943 86
大兴区	0.424 36	0.386 88
门头沟区	0.238 84	0.832 29
怀柔区	0.591 09	0.805 42
平谷区	0.387 71	0.660 31
密云区	0.184 24	0.919 75
延庆区	0.232 34	0.217 27

注：μ_1 表示旅游业发展水平，μ_2 表示文化创意产业发展水平。

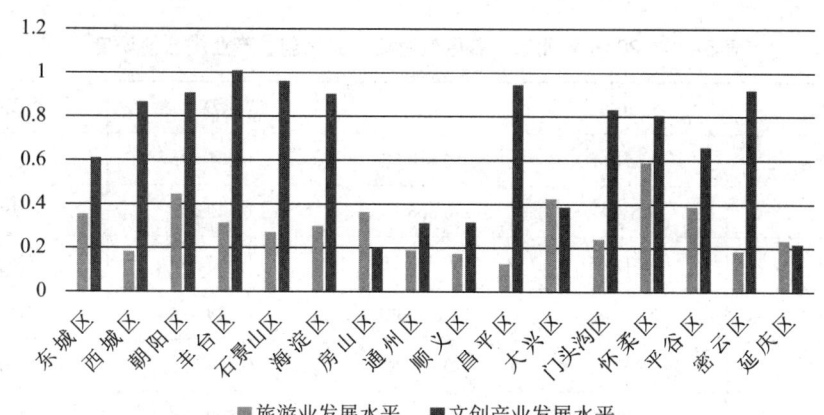

图 5-4　2015 年北京市各区旅游业和文化创意产业发展水平

2015 年北京市 16 个区旅游业发展水平排名为：怀柔区、朝阳区、大兴区、平谷区、房山区、东城区、丰台区、海淀区、石景山区、门头沟区、延庆区、通州区、密云区、西城区、顺义区、昌平区。怀柔区旅游资源较为丰富，拥有多个风景区，雁栖湖、红螺寺、白河峡谷、慕田峪长城等较为知名的景点均位于此。2015 年，怀柔区实现旅游总收入 54.9 亿元，占全区 GDP 的 23%。和其他区相比，偏远的地理位置、缺乏市场知名度的旅游资源使得昌平区在北京市的入境和国内旅游市场极度缺乏竞争力，旅游业发展水平最低。

2015 年北京市 16 个区文化创意产业发展水平排名为：昌平区、朝阳区、大兴区、东城区、房山区、丰台区、海淀区、怀柔区、门头沟区、密云区、平谷区、石景山区、顺义区、通州区、西城区、延庆区。昌平区遥遥领先，延庆区发展水平最低。昌平区利用面积广阔等资源优势，打造了十三陵历史文化创意产业聚集区、汤泉古镇旅游文化产业功能区、昌平新城文化创意产业园、京北数码港、郑各庄主题村庄等创意新区的规划建设，厚积薄发，着力打造新兴文化创意产业集群。2006年起，北京分4批建设了30个市级文化产业集聚区和众多区级文化创意产业集聚区，这些大多是凭借充裕的资源自发形成的产业园区，对于本区域的文化创意产业起到很大的带动作用，形成一定的知名度和品牌效应。而延庆区虽然文化资源丰富，但大多处于分散状态，没有产生集聚效应，因而缺乏竞争优势。此外，和北京市其他区域相比，缺乏优秀的文化创意人才以及一个完整的文化创意产业政策体系，也是制约延庆区文化创意产业发展的重要因素。

（二）各区旅游业和文化创意产业耦合协调关系

利用耦合协调度模型，计算得到2015年北京市各区旅游业和文化创意产业耦合协调度如表5-10和图5-5所示。

表5-10　2015年北京市各区旅游业和文化创意产业耦合协调度

区域	μ_1	μ_2	D	协调类型
东城区	0.351 65	0.610 88	0.481 395	协调
西城区	0.1818	0.866 18	0.445 436	协调
朝阳区	0.444 05	0.906 21	0.563 184	协调
丰台区	0.312 46	1.010 001	0.529 986	协调
石景山区	0.270 51	0.959 67	0.504 733	协调
海淀区	0.2978	0.902 417	0.509 118	协调
房山区	0.361 71	0.201 458	0.367 385	失调
通州区	0.188 67	0.312 105	0.348 326	失调
顺义区	0.171 93	0.315 002	0.341 115	失调
昌平区	0.126 07	0.943 86	0.415 303	协调
大兴区	0.424 36	0.386 88	0.450 104	协调
门头沟区	0.238 84	0.832 29	0.472 151	协调
怀柔区	0.591 09	0.805 42	0.587 360	协调
平谷区	0.387 71	0.660 31	0.502 978	协调
密云区	0.184 24	0.919 75	0.453 679	协调
延庆区	0.232 34	0.217 27	0.335 171	失调

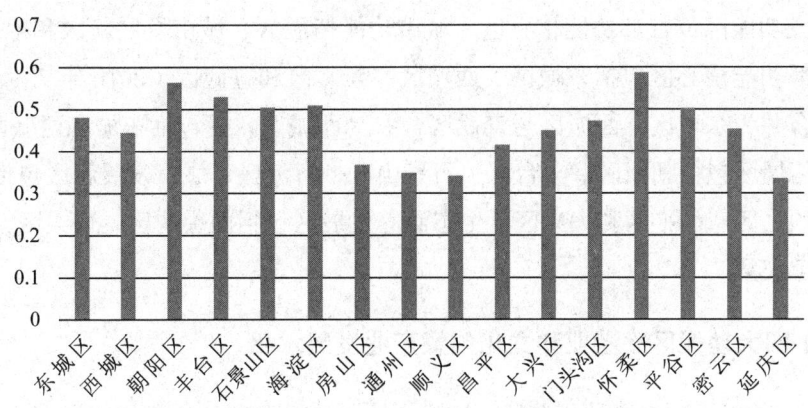

图 5-5 2015 年北京市各区旅游业和文化创意产业耦合协调度

2015 年北京市 16 个区旅游业和文化创意产业耦合协调度排名为：怀柔区、朝阳区、丰台区、海淀区、石景山区、平谷区、东城区、门头沟区、密云区、大兴区、西城区、昌平区、房山区、通州区、顺义区、延庆区。

怀柔区旅游业和文化创意产业耦合协调度最高，为 0.587 360。一方面，怀柔区的旅游业居于全市最高水平，文化创意产业水平也居全市中等，两大产业一致处于发展中；延庆区旅游业和文化创意产业耦合协调度最低，仅 0.335 171。一方面，延庆区作为生态涵养发展区，旅游业率先发展，而文化创意产业起步晚，由于人才匮乏、政策体系不完善、缺乏竞争优势等因素，发展水平一直较低，与旅游业发展步调和速度均不一致；另一方面，在政府和企业层面，延庆区均未形成促进旅游业和文化创意产业融合发展的机制，加上与北京市其他区已经形成明显差距，两大产业耦合协调度水平有待提升。

由于旅游业和文化创意产业各自的发展水平以及政府等力量对旅游业和文化创意产业融合发展的推动措施的差异，北京市旅游业和文化创意产业耦合协调程度存在明显的区域性差异。东城区、西城区、朝阳区、丰台区、石景山区、海淀区、昌平区、大兴区、门头沟区、怀柔区、平谷区、密云区 12 个区域处于协调阶段，说明这些区域旅游业和文化创意产业的发展均达到一个相对较高的水平，两者相互促进、相互影响，同步发展；房山区、通州区、顺义区、延庆区 4 个区域处于失调阶段，未来应该通过和旅游业的融合来推动文化创意产业的发展，避开与文化创意产业发展较强的区域直接竞争。

二、四大功能区旅游业和文化创意产业耦合关系

以"国家首都、国际城市、文化名城、宜居城市"为目标，《北京市"十一五"功能区域发展规划》中，北京市将 18 个（现为 16 个区）区县按照不同的功能定位，划

分成了四大功能区：首都功能核心区、城市功能拓展区、城市发展新区和生态涵养发展区。首都功能核心区包括东城区、西城区、崇文区和宣武区（2010年7月，东城区与崇文区合并为东城区，西城区与宣武区合并为西城区，现包括东城和西城两个区），城市功能拓展区包括朝阳区、丰台区、石景山区、海淀区；城市发展新区包括房山区、通州区、顺义区、昌平区和大兴区，生态涵养发展区包括门头沟区、怀柔区、平谷区、密云县、延庆县。

（一）四大功能区旅游业和文化创意产业发展水平

参考2016年《北京统计年鉴》，对相关数据进行整理和计算，依据产业发展水平评价模型，分别计算得到北京市2015年北京市四大功能区旅游业和文化创意产业发展水平如表5-11和图5-6所示。

表5-11　2015年北京市四大功能区旅游业和文化创意产业发展水平

功能区	μ_1	μ_2
首都功能核心区	0.620 99	0.013
城市功能拓展区	0.972 74	0.722 04
城市发展新区	0.139 67	0.9061
生态涵养发展区	0.139 63	1.289 48

注：μ_1表示旅游业发展水平，μ_2表示文化创意产业发展水平。

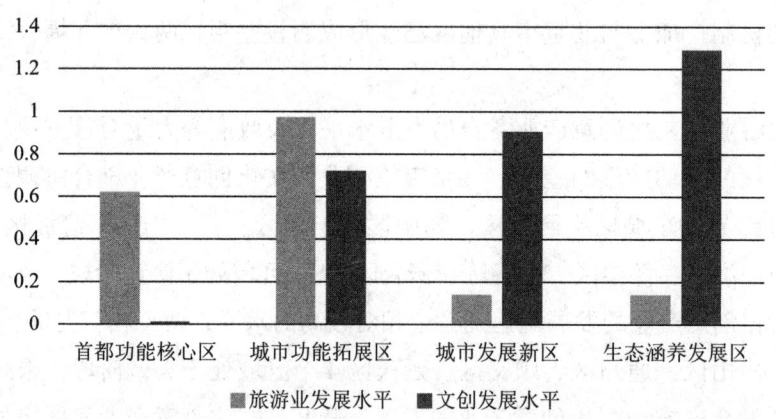

图5-6　2015年北京市四大功能区旅游业和文化创意产业发展水平

2015年北京市四大功能区旅游业发展水平排名为：城市功能拓展区、首都功能核心区、城市发展新区、生态涵养发展区。城市功能拓展区包括朝阳、丰台、石景山和海淀四个区，拥有圆明园、颐和园、798艺术区等绝大部分的知名旅游景区和景点，聚集了绝大多数的旅游者，旅游业优势明显。2015年实现旅游总收入1776.2亿元，占全市旅游总收入的 51.88%；接待入境旅游 240.02 万人次，占全市入境旅游总人次的 57.16%。生态涵养发展区的主要功能是致力于首都生态环境的保护和建设，为首都市民提供休闲和游憩空间。和其他功能区相比，在旅游业的入境和国内来京旅游两大市场弱势明显。2015 年，生态涵养发展区实现旅游总收入 190.6 亿元，占全市旅游总收入的 5.5%；接待入境旅游 2.03 万人次，仅占全市入境旅游总人次的 0.4%。

2015 年北京市四大功能区文化创意产业发展水平排名为：生态涵养发展区、城市发展新区、城市功能拓展区、首都功能核心区。生态涵养发展区以 1.289 48 的水平绝对领先。生态涵养发展区聚集了十三陵历史文化创意产业聚集区、汤泉古镇旅游文化产业功能区、昌平新城文化创意产业园、京北数码港、郑各庄主题村庄等创意新区，也包含了古北水镇，另外，生态涵养区地理面积大，用地成本低等优势，使得其文化创意产业具有其他功能区不可比拟的发展优势。首都功能核心区以 0.013 的发展水平垫底，核心区历史发展、定位都不适合文化创意产业四处开花，其用地成本之高也阻止了文创产业在这片土地上生根发芽。

（二）四大功能区旅游业和文化创意产业耦合协调关系

利用耦合协调度模型，计算得到 2015 年北京市四大功能区旅游业和文化创意产业耦合协调度如表 5-12 和图 5-7 所示。

表 5-12　2015 年北京市四大功能区旅游业和文化创意产业耦合协调度

功能区	μ_1	μ_2	D	协调类型
首都功能核心区	0.620 99	0.013	0.211 954	失调
城市功能拓展区	0.972 74	0.722 04	0.647 328	良好协调
城市发展新区	0.139 67	0.9061	0.421 750	协调
生态涵养发展区	0.139 63	1.289 48	0.460 610	协调

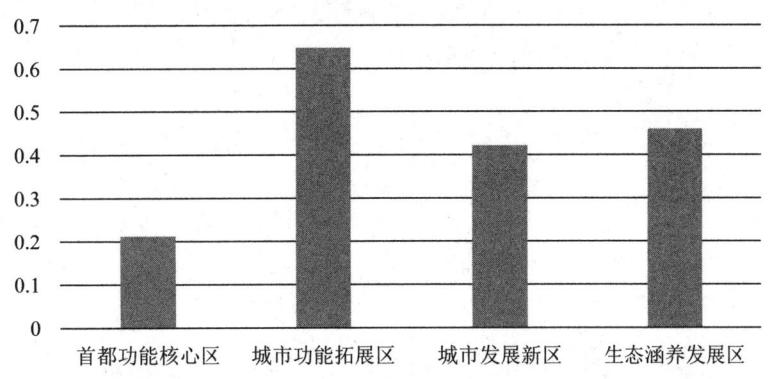

图 5-7　2015 年北京市四大功能区旅游业和文化创意产业耦合协调度

2015年北京市四大功能区旅游业和文化创意产业耦合协调度排名为：城市功能拓展区、生态涵养发展区、城市发展新区、首都功能核心区。

城市功能拓展区旅游产业发展水平居全市第一，在促进文化和旅游融合的相关政策以及798、欢乐谷和奥林匹克公园等文化创意产业集聚区的实践推动下，区域旅游业和文化创意产业相互促进、融合发展，融合水平为全市最高，已进入良好协调阶段。生态涵养发展区凭借后发优势，文化创意产业迎头赶上，与升级之后的旅游业齐头并进，处于协调阶段。城市发展新区旅游产业基础较好，文化创意产业发展势头亦不错，两者融合水平处于协调阶段，但未来仍需要加快文化创意产业发展步伐从而加速两大产业融合。首都功能核心区旅游产业达到较高的发展水平，但由于历史发展、定位、用地成本等原因，旅游业和文化创意产业融合处于失调阶段，未来可借鉴成功融合经验，以旅游业带动文化创意产业，从而推动两者同步加速发展。

第六章 研究结论与对策建议

第一节 研究结论

一、基于演进视角的耦合关系研究结论

通过基于演进视角对北京市旅游业和文化创意产业的耦合关系的实证,可以得到以下三点结论。

(1)产业发展水平方面:北京市旅游业发展可以划分为四个阶段。第一阶段:2005—2007年。旅游业保持较好的增长态势;第二阶段:2007—2012年。在"奥运效应"等的辐射下,北京市旅游业保持稳步增长,且增速较快;第三阶段:2012—2014年。2012年后,由于国际关系、雾霾天气等因素的影响,旅游业发展缓慢。其中,2013年,由于全年53%的雾霾天数以及16.2%的重度污染天数,北京市入境旅游受创,旅游业发展水平较2012年的0.626下降至0.622;第四阶段:2014—2016年。2013年至2014年,旅游业增速大幅攀升。按照旅游业系统与文化创意产业系统的不同发展水平,可将两个产业发展关系划分为三种类型:2005—2013年属于文化创意产业发展滞后型,2013年之后属于旅游业发展滞后型。2013年之后,旅游业发展速度减缓,文化创意产业反超。

(2)耦合协调度方面:2005—2016年,北京市旅游业和文化创意产业耦合协调度持续增加,两者融合程度不断加深。从速度上看,波动较大:2006年耦合协调度增长速度较快,2007—2009年速度减慢,2009—2010年增长速度上升,2011年以后协调度增长速度呈下降趋势。

(3)北京市旅游业和文化创意产业融合发展的耦合协调度可划分为三种等级类型:第一,2005—2008年,处于失调阶段;第二,2009—2014年,处于逐步协调阶段;第三,2014年后,两个产业系统的融合进入良好协调阶段。

二、基于空间视角的耦合关系研究结论

通过基于空间视角对北京市各区和功能区旅游业和文化创意产业的耦合关系的实证,可以得到以下两点结论。

（1）2015年北京市16个区的旅游业和文化创意产业发展水平以及两者耦合协调度存在明显的地区性差异。旅游业发展水平排名为：怀柔区、朝阳区、大兴区、平谷区、房山区、东城区、丰台区、海淀区、石景山区、门头沟区、延庆区、通州区、密云区、西城区、顺义区、昌平区。文化创意产业发展水平排名为：昌平区、朝阳区、大兴区、东城区、房山区、丰台区、海淀区、怀柔区、门头沟区、密云区、平谷区、石景山区、顺义区、通州区、西城区、延庆区。旅游业和文化创意产业耦合协调度排名为：怀柔区、朝阳区、丰台区、海淀区、石景山区、平谷区、东城区、门头沟区、密云区、大兴区、西城区、昌平区、房山区、通州区、顺义区、延庆区。从耦合协调类型来看12个区域处于协调阶段，4个区域处于失调阶段。

（2）功能定位不同的四大功能区的旅游业和文化创意产业发展水平以及两者耦合协调度也存在明显的区域性差异。旅游业发展水平的排名为城市功能拓展区、首都功能核心区、城市发展新区、生态涵养发展区；文化创意产业发展水平的排名为生态涵养发展区、城市发展新区、城市功能拓展区、首都功能核心区；两者融合发展耦合协调度排名为城市功能拓展区、生态涵养发展区、城市发展新区、首都功能核心区。从耦合协调类型来看，分别属于良好协调、协调、协调、失调阶段。

第二节 对策建议

一、深化既有融合，促进融合健康发展

既有的北京市旅游业和文化创意产业融合模式中，文化创意在旅游业各环节的延伸和渗透比较成熟，如以"北京礼物"为代表的文化创意旅游商品，以北京欢乐谷为代表的娱乐设施等，很大程度上丰富了旅游产品类型，增加了旅游活动的内涵，提升了旅游业的品质。通过文化创意产业和旅游产业价值链重组形成了以香山红叶节等节庆活动为代表的文化创意旅游产品，以这种新业态的形式促进了旅游业和文化创意产业的深层融合。相比而言，旅游业在文化创意产业的延伸和渗透较少，北京文化创意产业园区中仅有798艺术区和宋庄原创艺术集聚区为旅游者所熟识，大多数文化创意产业园区的旅游功能仍有待开发。未来可借鉴798艺术区的经验，在政府的引导下，由文化创意企业主导，依据各园区特色，拓展旅游功能，促进旅游业和文化创意产业的延伸型或渗透型融合。

同时，在现有旅游业和文化创意产业融合模式的基础上，文化创意企业或者旅游企业可以根据自身文化创意产业园区或者旅游目的地的优势，探索"特色文化创意+旅游"或者"文化创意+某旅游要素"的细分融合模式，增强两大产业融合模式的可

操作性。

二、集聚高端要素，促进融合快速发展

我国旅游产业正在进入以大众市场和社会资本为依托，以资本、技术、年轻创业者和新业态为表征的战略调整期和新的发展阶段[86]。总结成功案例的经验，促进旅游业和文化创意产业融合的快速发展，还需要充分发挥创意、技术和资本等高端要素的带动作用。

（一）创意驱动

创意是旅游业和文化创意产业融合发展的基础。创意不仅可以转化为生产力，创造经济效益，更是旅游业和文化创意产业融合发展的核心竞争优势。创意来源于人才，因而，吸引和培养创意型人才是集聚创意的重要手段。

798艺术区和宋庄原创艺术集聚区是创意驱动的文化创意型旅游目的地的典型代表。798艺术区的前身是20世纪50年代形成的电子工业厂区。2002年起，老工业基地规划改造，大批艺术家纷纷租住空置厂房，厂区逐渐成为艺术家们创作和展示艺术作品的空间和场所，并吸引了国内外大型展览活动及国内外艺术爱好者、知名人士前来参观学习。2006年起，随着艺术区的不断发展，北京市政府和朝阳区政府重视并加强了对艺术区的科学引导、规范管理和有效服务，改造和提升了艺术区内外环境、基础设施等各个方面。艺术区独特的建筑特色和浓厚的艺术氛围，吸引了越来越多的有文化和艺术爱好的旅游者前来参观、游览、休闲，丰富了北京的旅游产品类型，已成为与故宫、长城齐名的著名旅游目的地。宋庄原创艺术集聚区的形成是源于圆明园画家村解散后，一部分艺术家集体搬迁至小堡村，租住村民宅院和空置厂房作为其生活和创作场所，随后大批艺术家跟进，宋庄由艺术家小群体逐步发展成为艺术家群落，并带动画廊、批评家和经纪人等相关生产要素的集聚，成为如今的文化创意产业集聚区。随着宋庄知名度提高，大量海内外游客慕名而来，宋庄由过去的艺术创作地逐步向经营展示场所和文化创意旅游目的地转变。

企业和政府应充分重视创意对旅游业和文化创意产业融合的驱动作用，加大人才引进力度，实施人才引进工程，营造有利于人才发展的环境，吸引国内外创意人才前来就业或创业。同时，充分发挥高校等创意单位的集聚作用，设立创意专业，培养专业创意人才。

（二）资本驱动

专业化运作社会资本的力量正在崛起（戴斌等，2014），资本已成为推动旅游业和文化创意产业融合的关键力量。促进旅游业和文化创意产业的融合发展，单独依靠政

府各类专项资金是不够的，必须建立政府引导、市场主导的多元化资本体系。

通州区环球影城主题乐园和密云县古北水镇是由社会资本的力量推动而打造形成的兼具文化创意和旅游特征的文化创意型旅游目的地的典型代表。环球影城主题乐园由美国环球影业电影公司和北京首都旅游集团公司联合北京首寰文化旅游投资有限公司共同出资逾百亿元，在通州文化旅游区以电影文化的创意建设的一个具有现代性、时尚性和国际性的世界主题公园。古北水镇是由中青旅及控股股份有限公司和乌镇旅游股份有限公司联合北京能源投资有限公司和北京和谐成长投资中心等战略投资者，共同出资约42亿元建设的综合型文化创意型旅游度假目的地。古北水镇和环球影城的出现弥补了北京市旅游产品观光有余、度假不足的传统结构，是文化创意型旅游目的地的成功。

为充分发挥资本的驱动作用，政府应明确出台旅游业和文化创意产业融合的政策性文件，明确两者融合的发展目标，通过财政补贴、贷款贴息等方式引导各类社会资本投向以文化创意为主题的旅游项目或者以旅游丰富文化创意产业功能的项目；文化创意和旅游类企业应积极融合各种资本力量，主导并推进旅游和文化创意融合发展的项目落地建设。

（三）技术驱动

技术的进步使得旅游业和文化创意产业发展的外延和空间日益扩大，促进了产业结构的创新和升级。促进旅游业和文化创意产业的融合发展，技术发挥着独特的作用。

北京市欢乐谷以"资本＋科技＋文化创意"的产品开发模式，通过七大文化主题区，以多种形式向游客展示了生态文化。为了创造梦幻的游乐体验，欢乐谷引入了许多国际一流技术，包括亚洲唯一的飞行式过山车"水晶神翼"、亚洲最大的大摆锤项目"太阳神车"、亚洲唯一双塔太空梭"天地双雄"、亚洲提升最高的激流勇进"奥德赛之旅"、世界最高且运动幅度最大的观览器"聚能飞船"、亚洲最长的进口悬挂式过山车"雪域金翅"等六项世界顶级娱乐设备，以及《金面王朝》中属中国首创的360度旋转舞台技术，等等，将欢乐谷打造成了科技与创意的天堂，是实至名归的国家4A级旅游景区和文化创意产业基地。

以文化为核心，以科技为支撑，以创意为手段的文化创意旅游开发模式，不仅用科技的手段将创意真实化地展现，而且有助于增强旅游产品的参与性和体验性，完美地实现文化创意和旅游的融合。企业应充分利用"技术＋创意"的模式，引入或研发高科技技术，以创意的手段展现北京特色文化，促进旅游业和文化创意产业的进一步融合。

三、加强政府保障，促进融合稳定发展

促进旅游业和文化创意产业的融合发展不能完全依靠市场或者企业，还需要政府

主动参与，充分发挥顶层设计和保障作用，从管理机制、产业政策、财税优惠和环境保障等四个方面着手，科学管理、统筹兼顾。

第一，改革产业管理机制。旅游业和文化创意产业都是综合性十分强的产业系统，长期存在产权模糊、管理混乱等问题。一方面，从北京市各相关部门抽调人员专门建立文化创意旅游政府协调机构，整合管理职能，对文化创意旅游产业统一规划和管理；另一方面，积极推进各区域文化创意旅游行业协会的建立，及时跟踪文化创意产业和旅游产业融合进程，制定文化创意旅游市场规则，实现行业自治。

第二，完善产业发展政策。北京市各级政府应充分落实《国务院关于推进文化创意和设计服务与相关产业融合发展的若干意见》以及《北京市关于推进文化创意和设计服务与相关产业融合发展行动计划（2015—2020年）》，制定促进旅游业和文化创意产业融合发展的配套文件。各地区、各行业根据自身实际情况，编制专项规划和行动计划，并确保各项措施落到实处。

第三，加大财税优惠力度。一方面，设立北京市旅游业和文化创意产业融合发展专项资金，鼓励各功能区和区县结合自身产业实际发展情况设立专项发展资金，并成立征集评审小组，确保专项资金切实、有效地使用。同时，通过财政补贴、贷款贴息和政府购买等方式吸引和鼓励社会资本投入。另一方面，完善相关税收支持政策。落实营业税改增值税政策，设立旅游业和文化创意产业融合发展的企业认定标准，将其纳入"营改增"范围，适当实行11%或6%低增值税率或者免税。并对企业发生的符合条件的创意和设计费用，税前加计扣除。

第四，营造高效、便利的环境。推进行政审批制度改革，优化旅游业和文化创意产业融合项目的行政审批程序。探索"负面清单"模式，提高工作效率。完善土地管理制度，探索通过划拨、租赁、出让等多种方式，保证旅游业和文化创意产业融合项目建设用地。如"古北水镇"项目建设中采取的"政府牵头、部门协商、集中审批"的审批模式，简化并加快了审批进程，为"古北水镇"项目的建设提供了有利支持。在解决土地问题上，充分尊重市场规律，村民把土地流转到村集体，与企业统一签订了土地租赁协议，再统一给村民分配收益，轻松解决了项目用地需求。

四、挖掘地方特色，促进融合持续发展

各区根据各自的实际和特点，因地制宜，选择符合自己优势的发展模式，推动各区旅游业和文化创意产业的耦合度由严重失调和失调向协调阶段、协调向良好协调阶段迈进，从而促进北京市两大产业的融合持续发展。

旅游业滞后型区包括海淀区、石景山区、大兴区，通过文化创意产业在旅游业的延伸或渗透，以文化创意深度挖掘旅游资源、丰富旅游产品、营造旅游环境、拓展旅游渠道、引领旅游消费，加快旅游业的发展进程，从而促进旅游业和文化创意产业的

融合。海淀区做好香山红叶节、玉渊潭公园樱花节等文化旅游节庆活动；石景山区利用数字娱乐创意，在游乐园等景区开发创意项目；大兴区以新媒体和影视剧为主题，制作北京特色的文化演艺活动，丰富旅游产品类型，增强游客体验。

文化创意产业滞后型区包括东城区、西城区、朝阳区、丰台区、房山区、通州区、顺义区、昌平区、门头沟区、怀柔区、平谷区、密云区、延庆区，各区有重点地发展特色文化创意产业，通过旅游产业在文化创意产业的延伸或渗透，打造"特色文化创意+旅游"的发展模式（见表6-1），以旅游功能完善文化创意产业链，以旅游消费加速文化创意产品进入市场的速度，加快文化创意产业的发展进程，从而促进旅游业和文化创意产业的融合。

表 6-1　各区"特色文化创意 + 旅游"发展模式

区	发展模式
东城区	皇城、国学、戏剧、会馆、民俗文化 + 旅游
西城区	休闲 + 旅游
朝阳区	广告会展、科技、休闲 + 旅游
丰台区	设计创意 + 旅游
房山区	艺术品交易 + 旅游
通州区	出版发行、音乐 + 旅游
顺义区	设计创意、广告会展 + 旅游
昌平区	文化 + 旅游
门头沟区	生态休闲 + 旅游
平谷区	音乐、民俗工艺、影视 + 旅游
怀柔区	影视、生态休闲 + 旅游
密云区	广告会展、生态休闲 + 旅游
延庆区	长城文化、生态休闲 + 旅游

第二篇

品质提升：南锣鼓巷创意文化街区休闲旅游品质评价研究

第七章 创意文化街区休闲旅游品质理论基础与研究进展

第一节 理论支撑

一、认知评价理论

Deci 和 Ryan 在 1975 年提出关于外在感知因素如何对内在动机产生影响的理论，即 CET 理论（Cognitive Evaluation Theory），又称自我决定理论，其基本观点是："个体具有发展能力和自我决定的需要，当外部因素条件得到满足会促进个体自主知觉和发展能力增强，进而激发内在动机；反之，若外部因素条件没有得到满足，自我发展能力没有提高，则内在动机也不会被激发。"该理论提出了一个"内在激励"的概念，即一个人支持或控制行为的关键是对客观事物的心理评价，如果过分强调外在激励因素会引发内在激励因素的缩减。它也被 Lepper 和 Nisbett 等学者进行过验证。

本书中的创意文化街区品质评价主要是旅游者对客观实物的评价以及主观感受的评价，因此本书将把此理论运用到创意文化街区品质评价体系与标准的构建中，并在之后的调查中予以验证。

二、需求层次理论

从人本主义心理学角度来说，亚伯拉罕·马斯洛（Abraham Harold Maslow，1908—1970）将人的需求分为五个层次，由低到高分别为生理需求、安全需求、社交需求、尊重需求、自我实现需求，如图 6-1 所示。在低层次的需求被满足以后才会转向高层次需求，而旅游满足的是游客的心理需要，强调的是精神享受，是在旅游过程中通过体验来满足自我实现的高层次需求。

本书将把此理论作为研究旅游者在创意文化街区体验式旅游中的满意度以及满意度对行为意向的影响，从而为提升创意文化街区休闲旅游的品质做出指导性意义。

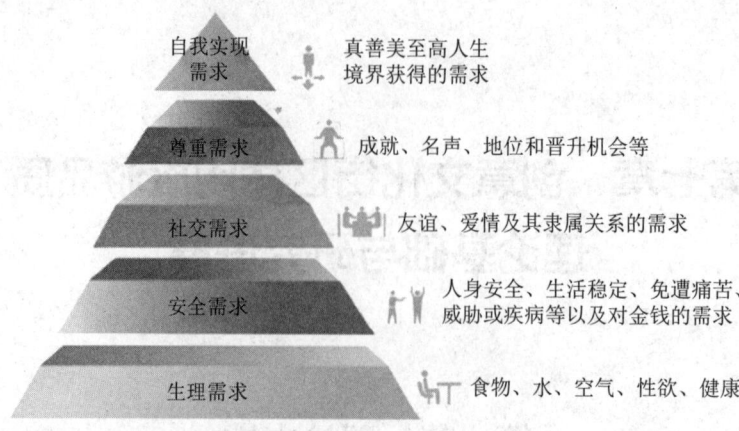

图 7-1　马斯洛需求层次理论

第二节　创意文化街区研究进展

一、创意文化街区概念

历史文化街区是一个城市重要的历史遗存,在一定程度上能够还原历史的真实性,无论是对历史、文化,还是对社会、经济都具有重要的价值和影响。本研究所讲的创意文化街区,从某种意义上讲,是历史文化街区中的创意文化商业化的结果,它的特性和使命是将先进的知识、文化、创意转化为经济效益,是兼有休闲观光、艺术推广、文化传承、商业塑造等多重功能于一体的商业步行街区。

创意文化街区在国内比较典型的有北京南锣鼓巷、福州三坊七巷、成都宽窄巷子、苏州平江路等;国外比较典型的有美国波士顿贝肯山历史街区、法国波尔多 Chartrons 城市街区、法国里尔历史街区、巴塞罗那 22@ 创意街区等。本研究在基于实证性与代表性的前提下,将重点就国内人们耳熟能详的北京南锣鼓巷创意文化街区进行详细调研分析。

二、国内外创意文化街区研究

在创意文化街区的保护与发展中,国外的研究比国内起步要早,国外强调的核心一直都是以保护为主,由探索开始,一步步融入实践中,通过不断累积理论与实践经验,得出一系列文献研究与法规条例等体系。在文献研究方面,学者们主要是从遗产角度,论述遗产文化或者其与现代旅游之间的关系(Nurvanti, 1996; Vander, 1996; Teo & Huang, 1995),还有强调个人在遗产旅游中的力量以及城市遗产旅游可持续发展的途径等（Ronald，1996；Drost，1996）；在法律条例方面，主要有《雅典宪章》（1933）、《威尼斯宪章》（1964）、《历史街区保护法令》（1962）、《华盛顿宪章》（1987）等，都对文化街区本身、周边、人文景观等方面提出了诸多建设性意见；除此之外，国外还注重公众的参与性，国外学者认为这是一种无形资产，在推动历史文化街区的保护与发展中起到举足轻重的作用。

国内在创意文化街区发展方面，由于依托了有利的遗产资源优势，以及各级政府的大力支持，在最近几年都有了较快的发展，这也引起了业界学者对于创意文化街区的大力探讨：创意文化街区发展以及发展模式方面（陈雪梅，2009；罗盈，2014）；创意文化街区发展路径方面（宋捷、周波，2011；吕斌，2013；陈刚，2014）；影响创意文化街区发展因素方面（王亚辉，2013）；品质或者评价对区域发展的作用与重要性方面（王乃萍，2011；陶琳，2010）；创意文化产业与旅游产业融合发展方面（马琳，2013；杨娇，2008）。

由以上国内外文献研究可以看出，国内外的学者们都对创意文化街区进行了大量的研究，但是大多都停留在保护与更新、模式发展、价值意义等层面，对于创意文化街区休闲旅游的品质评价研究十分稀少，从而直接或者间接导致现在很多城市正在兴建或者改建创意文化街区时难以根据市场需要、根据游客需求进行有针对性的建设。

第三节　创意文化街区休闲旅游品质评价

评价创意文化街区的品质可以从多个层面、多个角度进行，其中主要包括整个街区的业态是否丰富、文化氛围是否浓厚且有特点、文化体验内容是否有内涵、文化主题是否明确、生态环境是否健康、游客是否对街区满意、专家对街区的打分等方面，而最直观、最为主体的便是游客满意度方面。然而，在现实旅游中，游客只是从观赏的角度粗浅地浏览、直观地感受到街区完善与否的程度，他们不知道为什么这个街区完善或者不完善，又具体到哪个地方不完善或者应该完善，甚至这个街区在经济、文化角度的特点等都不会以一个专业的、宏观的角度评价出来，即便是有一部分评价也只是从街区整洁度、游客拥挤程度等没有差异性的问题进行评价。因此，就游客满意度评价的问题以及旅游品质评价问题笔者将进行以下详细的研究分析。

一、游客满意度评价

（一）游客满意度概念

游客满意度是由顾客满意度发展而来。早在20世纪60年代，美国学者就开始研究顾客满意度，而 Oliver 的期望差异理论则是众多学者对游客满意度定义的基础。Michael Olsen 认为"游客满意度是游客对旅游地的期望和实地旅游体验相比较的结果，若实地旅游体验高于事先的期望值，则游客是满意的"。Tribe 和 Snaith 则进一步指出"满意度是指在游客旅行过程中，旅游体验满足其期望和需求的程度"。李智虎认为"游客的满意需要得到满足和满意的水平与认知功能的效果和期望之间的差异"。由几位学者的定义不难看出，游客满意度实际上强调的是旅游者在旅游过程中的心理比较过程和结果。

本书中所讲的游客满意度是旅游者对在创意文化街区中所获得的期望结果与实际体验所获得的感知结果之间的相符程度。

（二）游客满意度评价研究综述

1. 国外游客满意度评价研究

从研究的方法来看，国外游客满意度评价研究大多是定量分析，使用方法有因子分析（Millan，2004）、聚类分析（Lee，2004；Devesa，2010）、路径分析（Severt，2007）等方法。很多学者认为游客满意度是旅游者预期期望和实际感知比较之后的结果，更强调旅游者的心理比较过程和比较结果（Pizam，1978；Beard，1980；Tribe & Snaith，1998）；Bowen 论证出有六个方面会影响游客满意度，即期望、不一致、情绪、绩效、特性和公平；Baker 等研究了感知质量对游客满意度、游客行为以及动机都会有影响；Lee 等发现对游客满意度很重要的一个影响是感知价值；Devesa 等发现影响游客满意度的因素中旅游动机是很重要的因素。

目前游客满意度测评方法主要有 SERVQUAL（Service Quality）、IPA（Importance Performance Analysis）、SERVPERF（Service Performance）三种。其中，SERVQUAL 大量运用在旅行社、饭店、景区等游客满意度测评；SERVPERF 只针对服务绩效评价；IPA 则是根据该模型所分的四个区域因素中每个因素的满意度评价和重要性不同，所对应采用的方式也不同。美国 Pizam 等学者在 1978 年对位于美国麻省的科德角滨海进行的游客满意度研究推动了游客满意度理论的发展，并首次提出了八个影响游客满意度的因子：商业化程度、住宿设施、餐饮设施、环境、海滩、成本、好客度、游憩机会。

由文献研究看出，国外学者在游客满意度评价方面研究主要在形成机理、满意度评测等方面。研究方向也大多都集中在旅行社（Millan，2004）、饭店（kim，2006）、景区（Bigne，2005）方面，在创意文化街区方面的研究几乎为零。

2. 国内游客满意度评价研究

国内游客满意度评价的研究方法开始多为定性分析，现在也开始运用定量分析：结构方程模型（汪侠，2005；张宏梅，2010；郭玲霞，2010）、回归分析（董观志等，2010）、模糊综合评价（魏婧，2006；南剑飞，2008；董观志、杨凤影，2005）、

fuzzy-IPA（田坤跃，2010）等。

  研究内容主要集中在游客满意度内涵、影响因素和测评研究等方面。万绪才认为游客满意度就是游客在旅游地的景观、服务、环境、基础设施等方面是否得到需求的判断评价；岳怀仁等将游客满意度划分物质、精神、社会三个由低到高的层次；卞显红研究分析了游客满意度、游客行为意向和感知质量之间的关系；张宏梅等深入研究了游客涉入、游客旅游动机、游客满意度三者之间的关系，并得出游客满意度的正向影响是旅游动机，游客涉入在另外二者之间起中介作用。

  同时，国内学者还不断对旅游城市、景区、饭店、保护地、购物场所、餐饮场所、旅游环境、旅游地、会展企业、旅行社等方面的游客满意度测评进行研究，如表7-1所示。

表7-1　国内学者关于游客满意度测评的研究

研究内容	研究时间	学者	研究内容	研究时间	学者
景区	2005	汪侠等	购物场所	2009	朱竑等
	2005	董观志等	餐饮场所	2009	林峰
	2006	梅虎等		2011	徐秀美等
	2006	王群等	旅游环境	2006	王群等
	2008	沈莹等	旅游地	2008	李瑛
	2010	郭玲霞等	会展企业	2008	李海霞等
	2010	耿献辉等	旅行社	1999	沈向友
饭店	2002	吴雪飞	无锡市	2002	陈昌平
	2007	罗振鹏	南京市	2004	万绪才
	2011	沈涵	桂林市	2005	连漪
保护地	2004	符全胜	西安市	2006	马秋芳

  另外，中国旅游研究院每年每季度都会发布全国游客满意度调查报告，对全国游客满意度指数进行测评，并对主要旅游城市进行游客满意度综合排名，在为政府构建旅游城市提供可靠数据支撑的同时，也反映了旅游发展的个性化特征的转变，在提升旅游品质等诸多方面都具有重要的借鉴意义。

  综上可以看出，国内对游客满意度主要集中在旅行社、饭店、景区等在游客满意度内涵、影响因素和测评研究等方面的研究，对于创意文化街区综合满意度的研究比较少；游客满意度评价也主要对于整个城市，并且研究集中在游客满意度测评体系及模型的构建、旅游地游客满意度的实证研究等模块，对于创意文化街区的评价几乎为零，这也从另一方面显示了本书对于创意文化街区品质评价方面的研究是非常有意义的。

二、文化旅游品质研究综述

本书所讲的休闲旅游品质评价,就是旅游者依据自身主观或者客观的标准对创意文化街区所做的价值性的判断或取舍。

国外最早关注到旅游品质。Gina Ionela Butnaru 等提出旅游品质影响因素是服务及服务质量,并建立了相应指标,以酒店业为例测算了游客对旅游品质的感知和评价。Yongwei Zhang 结合中国旅游行业具体情况,建立了社会环境等七个指标,测量了到华美国游客对中国旅游品质的感知。Janet Davis Neal 和 Kyungmi Kim 通过游客调查关注了旅游品质对生活品质的影响。国外相关研究内容鲜有关注到文化旅游品质本身,只有 Andereck 和 Cecil 研究了文化旅游对生活品质的影响。

国内关于文化旅游品质的研究设计层面也较窄。苏长高认为文化可以提升旅游品质,各地在开发旅游资源过程中,必须增强旅游文化理念的引领,大力发掘文化内涵,充分利用具有本地特色和民族特色的文化元素提升旅游产品的品质。曾梦宇在分析侗族文化旅游资源特色、存在弊端的基础上,提出加快旅游资源的整合、实现资源的优化配置,加快旅游产品的联动开发、实现资源利用的最大化,是进一步提升侗族文化旅游品质的核心所在。郑伟俊从旅游环境、旅游产品、旅游服务三个维度测量了游客对武义养生文化旅游品质的满意度,结合游客调查分析了养生文化旅游面临的挑战,并提出了品质旅游主导下加快浙中养生文化旅游发展的对策。

综上,国内外关于文化旅游已有较多研究,但对文化旅游品质关注较少,且大多研究较主观定性,缺少实证性的客观测量和评价,尤其国内鲜有以案例调查为基础的实证研究。因此,在针对现实典型案例的基础调查上,归纳总结文化旅游品质评价方法,文化旅游品质问题表现形式以及未来有方向性的、可实施性的改进策略,将是提升我国文化旅游品质的重要途径。

三、创意文化街区休闲旅游品质评价

本书所讲的创意文化街区休闲旅游的品质评价,是依据详尽的文献与资料整理,建立相应的创意文化街区品质要素评价体系,并对创意文化街区做出分析评判,其实质是评定创意文化街区是否满足旅游者的休闲旅游需求,并以此为依据为创意文化街区的开发与经营做出指导。

国内外目前关于创意文化街区休闲旅游品质评价的研究还存在很大的缺陷,综合以上文献可以看出,大多是就单一某一方面,即创意文化街区方面或者休闲旅游品质评价方面进行论证性研究,并未有将二者结合起来综合分析论证的研究,本书将填补这一块的空白。

第八章 创意文化街区休闲旅游品质评价体系构建

第一节 要素分析

创意文化街区休闲旅游的品质评价，其实质是评定创意文化街区是否满足旅游者的休闲旅游需求，并以此为依据为创意文化街区的开发与经营做出指导，因此，结合资料的搜集整理以及国内创意文化街区的实际情况，本研究将从街区业态、街区文态、街区形态、街区生态、街区夜态、街区配套设施与服务、文化创意产品七个方面深入分析探讨创意文化街区的品质。

一、街区业态

业态被引入旅游业，是由杨济诗、孙霞琴于2001年首次提出"旅游业态"，后来的学者邹再进、杨玲玲、魏小安也对旅游业态进行了研究，但目前对于旅游业态的概念业界尚未形成统一。2013年赵梦妮、钟永德将旅游业态从狭义层面作了界定，即旅游企业为了满足旅游者而进行的旅游要素组合，具体表现在不同的产品、经营方式和组织形式方面。这里讲的旅游要素即六大传统旅游要素——食：各类餐饮店；住：各类酒店、旅馆、度假村等；行：交通工具租赁；游：各种广场、名人故居、庙宇祠堂、旅游咨询服务中心等；购：旅游土特产店、手工艺品店、特色服装店、银饰玉器店、字画文墨店、皮具箱包、音像制品店等；娱：咖啡厅、攀岩吧、酒吧、KTV、足浴休闲城等，鉴于创意文化街区的实际情况，他们又另外增加了产业延伸，即外语学校、打字复印店、快递托运、照相器材等。

本书将沿用此七种分类，由此也可看出，创意文化街区品质的高低，很大程度上都是由此七种因素决定，因为游客在休闲旅游的时候，映入眼帘的首先是街区的店面和街区的游览项目，它们是游客对街区进行品质评价的重要指标。

二、街区文态

街区文态是指街区文化遗产的文脉精神，是非物质层面的软性内容。它在对创意文化街区的历史脉络和文化底蕴进行深度挖掘以后，再对其文化精神进行提炼和锐化，从而精确地定位创意文化街区，并打造一定的文化号召力。一定意义上讲，文态是创意文化街区的灵魂，它决定了旅游者的基本类型、规模乃至消费方式。

本书所说的街区文态，将从街区的文化主题、文化氛围、文化体验内容几个方面阐述。文化主题即街区的定位，像北京南锣鼓巷的"胡同文化"，成都宽窄巷子的"千年少城文化和百年满城文化的结合"；文化氛围即笼罩在街区整体环境中，体现街区特定的传统、习惯及行为方式的精神格调，它是一种无形的软性消费，体现的是旅游者对于精神的追求；文化体验内容则是街区中具有实质性的旅游者可以体验到的项目，比如街区的历史变迁、街区的美食文化、街区内的名人故居、宗庙祠堂等。

三、街区形态

街区形态即对街区基本的空间结构和建筑景观的打造，它是物质层面的硬性载体。它与街区房屋建筑与配套设施的整体规划相关，是街区文化精神的具体落实，也是主观形态向客观形态转化的关键。

旅游者置身于街区的时候，直接面对的便是街区的形态，在回忆一个创意街区的时候直接可以想象的也是街区的形态，它决定了街区的品质。本研究的形态排除随着人们意识的变化而改变的建筑空间形态，主要涉及街区规模、街区空间布局的艺术性、街区功能区结构的合理程度、文物古迹保存状况、建筑风貌保存状况几个方面。

四、街区生态

本书所讲的生态主要包含街区的文化生态和环境生态两方面。文化生态是指以保护为前提，延续创意文化街区的文脉精神，提升街区活力，并创造出与时代背景相融合的新文化；环境生态则是街区中人与环境的和谐统一，主要有环境的承受能力、旅游者的舒适度、街区的空间布局等方面。不管是文化生态还是环境生态，强调的都是一种可持续发展的思想，以一种绿色街区的设计理念，建立健康、和谐的人类聚居环境。可以说，生态是街区打造首先要考虑的因素。

本书中的街区生态是单就环境生态的详尽分析，主要包括街区整洁程度、绿植覆盖程度、绿植景观的观赏性、绿植景观的养护程度、人工景观的美观程度、自然景观与人工景观的协调性、景观形象的地域文化性等。

五、街区夜态

夜态是指街区在夜晚所呈现的状态。随着现在夜间文化经济的蓬勃发展，城市的夜生活越来越延长，每一个创意文化街区几乎都成了一个城市的中心点之一，因此夜间休闲生活的丰富程度和多样化程度是旅游者很关注的问题。在此基础上，本研究以一个专业的视角，认为整个街区的夜态除了夜间文化休闲，还应包含夜间照明设施的覆盖程度、照明效果以及标识系统的可见性，夜间外部交通的便利程度等，这些都会直接或间接地影响游客对与街区夜态的评价。

六、街区配套设施与服务

一个令旅游者满意的旅游目的地，必不可少的还有相应配套设施与服务的完善程度，只有这样才能在吸引游客的同时还能留住游客，这其中主要包括交通、安全、卫生、医疗和游客咨询中心，本研究将对这些因素做详细的描述，具体来说有包含以下内容：休憩设备的数量、休憩设备的舒适性、休憩设备的安全性、外部交通的完善程度、标识系统的可读性合理性、内外部交通衔接程度、外部交通费用的可承受程度、卫生间的数量、卫生间的整洁程度、康娱设施的丰富程度、医疗设施的完善程度、游客咨询中心的全面程度等。

七、文化创意产品

创意文化街区休闲旅游的发展，其灵魂是文化，而文化的发展离不开创意，现在人们越来越追求个性与新奇，死板的文化灌输只会缩减旅游者兴趣，有适得其反的效果，作为一个具有商业性质的街区，要吸引游客就必须发展创意文化，这就需要大量文化产品的输出。为了得出游客对创意文化街区休闲旅游更深度的评价，本书将从文化创意产品的数量、多样性、体验性、独特性出发。

综上，街区业态、街区文态、街区形态、街区生态、街区夜态、街区配套设施与服务、文化创意产品七个方面的因素共同影响了创意文化街区的品质，同时，本节的论述也为下面创意文化街区休闲旅游品质评价体系的构建做了铺垫。

第二节 体系构建

一、构建原则

（1）全面性与主导性原则。在评价体系构建过程中，评价指标应当全面地反映创意文化街区的品质，应当强调整体和全面，但创意文化街区品质评价体系是一个复杂的体系，包含许许多多的评价指标，因此，在选取这些指标的时候可以选择性地忽略或简化某些影响较小的指标，挑取具有主导性的因素进行分析。

（2）科学性与可操作性原则。科学的选择和设计评价指标是构建评价体系的基础。不仅要全面、合理地反映品质，更要注重评价指标之间的逻辑关系，使选取的指标具有可操作性，即易于搜集、易于量化、易于比较。

（3）指导性原则。创意文化街区品质评价体系构建的最终目的是为创意文化街区的开发与经营做出指导，因此，在体系构建过程中要牢牢把握这一原则。

（4）可持续发展原则。鉴于目前对于创意文化街区品质评价的综合性论证研究在国内还属于空白，而随着理论与实践的不断累积发展，人们对于创意文化街区品质评价的认识也在不断深入，因此，在构建品质评价体系时，应当以发展的眼光来看问题，使评价体系具有实际意义。

二、构建评价体系

（一）初步评价指标的基本构成

在充分研究以往的专家学者在品质评价体系构建的经验基础上，本书结合现实情况，依据上文中分析的创意文化街区休闲旅游品质评价的影响要素，将评价指标的基本构成从七大指标入手，分别评价各个指标下的因素，具体结构如图8-1所示。

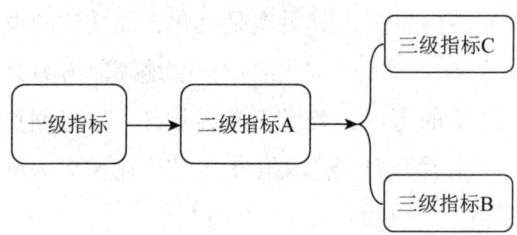

图8-1 评价指标的基本构成图示

具体归纳内容如表8-1所示。

表8-1 创意文化街区休闲旅游品质指标表

一级指标	二级指标	三级指标
创意文化街区休闲旅游品质 （7个指标）	1.街区业态 （10个）	餐饮的数量
		餐饮的多样化
		住宿的数量
		住宿的人性化
		自行车租赁的便捷程度
		游览线路的全面程度
		游览内容的丰富程度
		游览内容的趣味性、知识性
		购物商店的特色性
		娱乐产品的多样化程度

续表

一级指标	二级指标	三级指标
创意文化街区休闲旅游品质（7个指标）	2.街区文态（4个）	文化主题定位的鲜明程度、精确程度
		文化氛围浓厚程度
		文化符号布局的合理性、美观性
		文化体验内容的多样化程度
	3.街区形态（5个）	街区规模
		街区空间布局的艺术性
		街区功能区结构的合理程度
		文物古迹保存状况
		建筑风貌保存状况
	4.街区生态（9个）	街区整洁程度
		绿植覆盖程度
		绿植种类多样性
		绿植景观的观赏性
		绿植景观的养护程度
		人工景观的美观程度
		人工景观的整体统一性
		自然景观与人工景观的协调性
		景观形象的地域文化性
	5.街区夜态（5个）	夜间照明设施的覆盖程度
		夜间照明设施的照明效果
		夜间标识系统的可读性、合理性
		夜休闲的丰富程度、多样化程度
		夜间外部交通的便利程度
	6.街区配套设施与服务（12个）	休憩设备的数量
		休憩设备的舒适性
		休憩设备的安全性
		外部交通的完善程度
		标识系统的可读性、合理性
		内外部交通衔接程度
		外部交通费用的可承受程度
		卫生间的数量
		卫生间的整洁程度
		康娱设施的丰富程度
		医疗设施的完善程度
		游客咨询中心的全面程度

续表

一级指标	二级指标	三级指标
创意文化街区休闲旅游品质（7个指标）	7.文化创意产品（4个）	文化创意产品的数量
		文化创意产品的多样性
		文化创意产品的体验性
		文化创意产品的独特性

（二）根据初步评价指标进行的预调研

1. 设置预调查问卷

在初步确定创意文化街区休闲旅游品质评价的各项指标以后，为了有效确定最终指标，笔者设置了一份调查问卷，通过旅游者对各指标重要性的看法，获得每个指标在评语等级论域 V = {不重要，一般，很重要} 中的数量和隶属度。

2. 预调查问卷的发放与回收

笔者通过电子版问卷和纸质版问卷为期一周的合并调研，一共发出 200 份问卷，其中，有效问卷 168 份，无效问卷 10 份，未回收问卷 22 份，问卷回收率为 84%，由此可以确定此次预调研对于创意文化街区休闲旅游品质评价体系中最终指标的确定是有效的。

3. 预调查问卷的数据情况

在对回收的预调查问卷进行整理后，针对每项指标中的人数所占总人数的比例，各评价指标详细比例，如表 8-2 所示。

表 8-2 各评价指标详细比例

题目 / 选项	很重要（%）	一般（%）	不重要（%）
餐饮的数量	42.86	48.81	8.33
餐饮的多样化	69.00	25.00	5.95
住宿的数量	17.86	51.19	30.95
住宿的人性化	47.62	32.14	20.24
自行车租赁的便捷程度	47.62	42.86	9.52
游览线路的全面程度	60.71	34.52	4.76
游览内容的丰富程度	84.52	11.90	3.57
游览内容的趣味性、知识性	79.76	19.05	1.19
购物商店的特色性	69.05	27.38	3.57
娱乐产品的多样化程度	58.33	40.48	1.19
文化主题定位的鲜明程度、精确程度	83.33	15.48	1.19
文化氛围浓厚程度	82.14	16.67	1.19

续表

题目/选项	很重要(%)	一般(%)	不重要(%)
文化符号布局的合理性、美观性	76.19	21.43	2.38
文化体验内容的多样化程度	80.95	17.86	1.19
街区规模	39.29	52.38	8.33
街区空间布局的艺术性	77.38	21.43	1.19
街区功能区结构的合理程度	72.62	27.38	0.00
文物古迹保存状况	84.52	11.90	3.57
建筑风貌保存状况	88.10	10.71	1.19
街区整洁程度	85.71	11.90	2.38
绿植覆盖程度	59.52	36.90	3.57
绿植种类多样性	40.48	55.95	3.57
绿植景观的观赏性	51.19	45.24	3.57
绿植景观的养护程度	61.90	35.71	2.38
人工景观的美观程度	50.00	44.05	5.95
人工景观的整体统一性	57.14	36.90	5.95
自然景观与人工景观的协调性	75.00	23.81	1.19
景观形象的地域文化性	76.19	21.43	2.38
夜间照明设施的覆盖程度	69.05	30.95	0.00
夜间照明设施的照明效果	73.81	23.81	2.38
夜间标识系统的可读性、合理性	73.81	26.19	0.00
夜休闲的丰富程度、多样化程度	78.57	20.24	1.19
夜间外部交通的便利程度	85.71	14.29	0.00
休憩设备的数量	75.00	25.00	0.00
休憩设备的舒适性	67.86	27.38	4.76
休憩设备的安全性	83.33	15.48	1.19
外部交通的完善程度	78.57	21.43	0.00
标识系统的可读性、合理性	71.43	27.38	1.19
内外部交通衔接程度	78.57	20.24	1.19
外部交通费用的可承受程度	65.48	30.95	3.57
卫生间的数量	75.00	22.62	2.38
卫生间的整洁程度	84.52	14.29	1.19
康娱设施的丰富程度	19.06	55.95	24.99
医疗设施的完善程度	78.57	19.05	2.38
游客咨询中心的全面程度	39.29	53.57	7.14
文化创意产品的数量	65.48	23.81	7.14
文化创意产品的多样性	76.19	21.43	2.38

续表

题目/选项	很重要（%）	一般（%）	不重要（%）
文化创意产品的体验性	84.52	15.48	0.00
文化创意产品的独特性	75.00	21.43	3.57

（三）确定最终评价指标

根据预调研结果，一方面从游客角度出发，另一方面结合创意文化街区休闲旅游实际评判标准，在修改与完善以后确定了最终的评价指标体系，见表8-3。

表8-3 创意文化街区休闲旅游品质评价体系

一级指标	二级指标	三级指标
创意文化街区休闲旅游品质（7个指标）	街区业态5个（删除餐饮的数量、住宿的数量、住宿的人性化、自行车租赁的便捷程度、娱乐产品的多样化程度）	餐饮的多样化
		游览线路的全面程度
		游览内容的丰富程度
		游览内容的趣味性、知识性
		购物商店的特色性
	街区文态4个（全部保留）	文化主题定位的鲜明程度、精确程度
		文化氛围浓厚程度
		文化符号布局的合理性、美观性
		文化体验内容的多样化程度
	街区形态4个（删除街区规模）	街区空间布局的艺术性
		街区功能区结构的合理程度
		文物古迹保存状况
		建筑风貌保存状况
	街区生态6个（删除绿植种类多样性、人工景观的美观程度、人工景观的整体统一性）	街区整洁程度
		绿植覆盖程度
		绿植景观的观赏性
		绿植景观的养护程度
		自然景观与人工景观的协调性
		景观形象的地域文化性
	街区夜态5个（全部保留）	夜间照明设施的覆盖程度
		夜间照明设施的照明效果
		夜间标识系统的可读性、合理性
		夜休闲的丰富程度、多样化程度
		夜间外部交通的便利程度

续表

一级指标	二级指标	三级指标
创意文化街区休闲旅游品质（7个指标）	街区配套设施与服务 8 个（删除休憩设备的舒适性、外部交通费用的可承受程度、康娱设施的丰富程度、游客咨询中心的全面程度）	休憩设备的数量
		休憩设备的安全性
		外部交通的完善程度
		标识系统的可读性、合理性
		内外部交通衔接程度
		卫生间的数量
		卫生间的整洁程度
		医疗设施的完善程度
	文化创意产品 4 个（全部保留）	文化创意产品的数量
		文化创意产品的多样性
		文化创意产品的体验性
		文化创意产品的独特性

第三节　确定评价指标的权重

指标权重反映了指标在评价过程中的重要程度，是一种主观评价在客观上的反映。指标权重的准确程度对最终的评价结果具有很大的影响。因此，准确而合理地确定指标权重是建立整个评价体系的关键。

创意文化街区休闲旅游品质评价是一个由多种因素影响人们主观判断的综合性评价问题，难免会带有结论上的模糊性。而要提高创意文化街区休闲旅游品质评价结论的可信度，就要找到一种既能处理模糊性又能一定程度上克服主观性的评价方法。本书在搜集大量相关资料的基础上，结合创意文化街区休闲旅游品质评价的实际情况，引入 AHP- 模糊综合评价模型来进行最终指标权重的确定。

一、AHP- 模糊综合评价模型

AHP- 模糊综合评价模型主要由层次分析法和模糊综合评价法两部分组成。其中，后者是在前者分析的数据基础上进行的，两者结合共同提高评价的科学性、有效性。目前该种模型被普遍应用于企业柔性指标体系的评价、企业岗位评价与绩效评估、区域投资环境评价等领域。

本书首先通过德尔菲法确定各个指标的原始咨询值，其次通过层次分析法确定最终权重，最后利用模糊综合评价法计算最终评估值 D（$0 \leqslant D \leqslant 1$），估值越大则说明评价越好。

(一)德尔菲法获取咨询值

德尔菲法是由具有典型代表的专家根据创意文化街区品质的评价经验,结合创意文化街区实际情况定出具体权重值,一般专家的选择以 8~15 位为宜。本次评估小组请了 10 位专家,其中大部分是北京第二外国语学院旅游管理专业的老师,还有几位北京文化遗产保护中心的工作人员。

具体评估步骤如下所示。

(1)根据前期构建的创意文化街区休闲旅游品质评价体系,笔者将对七大指标逐步分解,并对分解因子详细说明,由 10 位专家完成就评价体系而设计的《创意文化街区休闲旅游品质评价指标权重咨询表》(见表 8-4)。

表 8-4 创意文化街区休闲旅游品质评价指标权重咨询表

一级指标	权重	二级指标	权重	三级指标	权重
A 创意文化街区休闲旅游品质(7 个指标)		B1 街区业态 5 个		C11 餐饮的多样化	
				C12 游览线路的全面程度	
				C13 游览内容的丰富程度	
				C14 游览内容的趣味性、知识性	
				C15 购物商店的特色性	
		B2 街区文态 4 个		C21 文化主题定位的鲜明程度、精确程度	
				C22 文化氛围浓厚程度	
				C23 文化符号布局的合理性、美观性	
				C24 文化体验内容的多样化程度	
		B3 街区形态 4 个		C31 街区空间布局的艺术性	
				C32 街区功能区结构的合理程度	
				C33 文物古迹保存状况	
				C34 建筑风貌保存状况	
		B4 街区生态 6 个		C41 街区整洁程度	
				C42 绿植覆盖程度	
				C43 绿植景观的观赏性	
				C44 绿植景观的养护程度	
				C45 自然景观与人工景观的协调性	
				C46 景观形象的地域文化性	
		B5 街区夜态 5 个		C51 夜间照明设施的覆盖程度	
				C52 夜间照明设施的照明效果	
				C53 夜间标识系统的可读性、合理性	
				C54 夜休闲的丰富程度、多样化程度	
				C55 夜间外部交通的便利程度	

续表

一级指标	权重	二级指标	权重	三级指标	权重
A 创意文化街区休闲旅游品质（7个指标）		B6 街区配套设施与服务 8 个		C61 休憩设备的数量	
				C62 休憩设备的安全性	
				C63 外部交通的完善程度	
				C64 标识系统的可读性、合理性	
				C65 内外部交通衔接程度	
				C66 卫生间的数量	
				C67 卫生间的整洁程度	
				C68 医疗设施的完善程度	
		B7 文化创意产品 4 个		C71 文化创意产品的数量	
				C72 文化创意产品的多样性	
				C73 文化创意产品的体验性	
				C74 文化创意产品的独特性	

（2）评估。请评估人员就每一层评价指标赋予权重值，同层权值之和为100。

（3）统计评估结果。收集评估人员的赋值，求出每一层指标中的绝对平均数，统计得出第一轮中评估人员给出的各项指标权重。

（4）再次评估。将上一轮指标权重值反馈给各位评估人员，请他们对所有指标逐项比较，而后再进行一次评估并统计出结果。

（5）最终评估。在收集上一轮意见以后，请评估人员在下一轮评估时参考大家的评估意见，经过反复几轮以后，针对仍存在重大分歧的指标重点探讨，并求证最后意见。最终得到一份较为合理的指标权重咨询表。

"由于评估人员来自不同的工作岗位，对历史街区的熟悉程度不同，权值和打分的结果不同。因此需要引入熟悉程度系数来降低由于评估人员组成不同所带来的偏差。

首先，对熟悉程度设定一个系数，假设熟悉为1，较熟悉为0.75，一般为0.5，不熟悉为0.25。

其次，运用以下公式计算出权重值：

$$Q_I = \left(\sum_{i=1}^{n} Q_i S_i\right) / \sum_{i=1}^{n} S_i \qquad (8-1)$$

其中：Q_I 为考虑到熟悉程度的权重值；Q_i 为每个评估人员打的权重值；S_i 为评估人员的熟悉程度系数；n 为评估人员的人数。

举个例子，在对第一项指标街区业态下的餐饮的多样化进行权重赋值时，考虑到熟悉程度的计算方法，10位评估人员给出的权重和熟悉程度如表8-5所示。

表 8-5　10 位专家对餐饮的多样化的权重赋值和熟悉程度

	1	2	3	4	5	6	7	8	9	10
权重	15	15	25	20	20	20	15	25	15	25
熟悉程度	0.75	0.75	0.25	1	1	0.75	0.5	0.5	1	0.5

由此可以得到餐饮的多样化指标权重为（四舍五入取整数）：

$Q_I = ($ 15×0.5+15×0.75+25×0.25+20×1+20×1+20×0.75+15×0.5+25×0.5+15×1+25×0.5 $) / ($ 0.75+0.75+0.25+1+1+0.75+0.5+0.5+1+0.5 $) = 131.25/7 ≈ 19$

由以上统计方法，可以得出创意文化街区休闲旅游品质评价体系中的各项指标权重（四舍五入取整数），见表 8-6。

表 8-6　10 位专家对创意文化街区休闲旅游品质评价指标权重的咨询值

一级指标	二级指标	咨询值	三级指标	咨询值
A 创意文化街区休闲旅游品质（7 个指标）	B1 街区业态 5 个	14	C11 餐饮的多样化	19
			C12 游览线路的全面程度	14
			C13 游览内容的丰富程度	28
			C14 游览内容的趣味性、知识性	28
			C15 购物商店的特色性	21
	B2 街区文态 4 个	18	C21 文化主题定位的鲜明程度、精确程度	27
			C22 文化氛围浓厚程度	30
			C23 文化符号布局的合理性、美观性	16
			C24 文化体验内容的多样化程度	27
	B3 街区形态 4 个	13	C31 街区空间布局的艺术性	14
			C32 街区功能区结构的合理程度	20
			C33 文物古迹保存状况	31
			C34 建筑风貌保存状况	35
	B4 街区生态 6 个	9	C41 街区整洁程度	20
			C42 绿植覆盖程度	17
			C43 绿植景观的观赏性	8
			C44 绿植景观的养护程度	17
			C45 自然景观与人工景观的协调性	18
			C46 景观形象的地域文化性	20
	B5 街区夜态 5 个	12	C51 夜间照明设施的覆盖程度	21
			C52 夜间照明设施的照明效果	18
			C53 夜间标识系统的可读性、合理性	14
			C54 夜休闲的丰富程度、多样化程度	27
			C55 夜间外部交通的便利程度	20

续表

一级指标	二级指标	咨询值	三级指标	咨询值
A 创意文化街区休闲旅游品质（7个指标）	B6 街区配套设施与服务 8个	15	C61 休憩设备的数量	12
			C62 休憩设备的安全性	15
			C63 外部交通的完善程度	13
			C64 标识系统的可读性、合理性	9
			C65 内外部交通衔接程度	12
			C66 卫生间的数量	12
			C67 卫生间的整洁程度	18
			C68 医疗设施的完善程度	9
	B7 文化创意产品 4个	19	C71 文化创意产品的数量	16
			C72 文化创意产品的多样性	20
			C73 文化创意产品的体验性	35
			C74 文化创意产品的独特性	29

（二）层次分析法分析

层次分析法（The Analytic Hierarchy Process）简称 AHP，由美国运筹学家托马斯·塞蒂（T.L.Saaty）于 20 世纪 70 年代正式提出。它的优点是将定性和定量相结合，使分析方法更系统化、层次化。其基本原理是：首先，按照被评价体系内在的逻辑关系分别以各项评价指标为代表建立层次结构模型；其次，针对同一层指标构建两两比较的判断矩阵；再次，通过判断矩阵中的特征向量与最大特征值，计算每层指标的权重；最后，利用公式进行一致性检验。目前该法已普遍应用于经济计划和管理、能源政策和分配、行为科学、军事指挥、运输、农业、教育、人才、医疗和环境等领域。

本书将运用层次分析法在德尔菲法获取的咨询值的基础上进行最终指标权重的确认，主要有以下三个步骤。

（1）建立层次结构模型

依据表 8-6 的确立，则可以直接得出一级指标为目标层 A，二级指标为准则层 B，三级指标为指标层 C，如图 8-2 所示。

$$A = \begin{cases} B_1 = \{c_{11}, c_{12}, c_{13}, c_{14}, c_{15}\} \\ B_2 = \{c_{21}, c_{22}, c_{23}, c_{24}\} \\ B_3 = \{c_{31}, c_{32}, c_{33}, c_{34}\} \\ B_4 = \{c_{41}, c_{42}, c_{43}, c_{44}, c_{45}, c_{46}\} \\ B_5 = \{c_{51}, c_{52}, c_{53}, c_{54}, c_{55}\} \\ B_6 = \{c_{61}, c_{62}, c_{63}, c_{64}, c_{65}, c_{66}, c_{67}, c_{68}\} \\ B_7 = \{c_{71}, c_{72}, c_{73}, c_{74}\} \end{cases}$$

图 8-2 层次分析法结构模型

（2）构建两两比较的判断矩阵

在德尔菲法确定的咨询值的基础上，依据层次分析法的原理，把各个指标两两相比并确定每个指标的重要程度，然后编制判断矩阵表。对判断矩阵的量化采用根据 T.L Saaty 提出的 1~9 标度值表示（见表 8-7）。

表 8-7　判断矩阵标度

标度	含义
1	两个指标相比同样重要
3	两个指标相比，一个指标比另一个指标稍微重要
5	两个指标相比，一个指标比另一个指标明显重要
7	两个指标相比，一个指标比另一个指标强烈重要
9	两个指标相比，一个指标比另一个指标极端重要
2、4、6、8	上述两判断的中间值
倒数	指标 j 与指标 i 的比值是指标 i 与指标 j 比值的倒数，即 $C_{ij} = 1/C_{ji}$

其中，$C_{ii} = 1$，$C_{ij} = 1/C_{ji}$，$i, j = 1, 2, 3, \cdots, n$。

从而得出两两比较的判断矩阵 A（见表 8-8）。

表 8-8　两两比较矩阵 A

A_{ij}	1	2	3	...	n
1	1	T_1/T_2	T_1/T_3	...	T_1/T_n
2	T_2/T_1	1	T_2/T_3	...	T_2/T_n
3	T_3/T_1	T_3/T_2	1	...	T_3/T_n
...	...	...	...	...	...
n	T_n/T_1	T_n/T_2	T_n/T_3	...	1

其中，该矩阵对角线上的指标均为 1，即每个指标相对于自身来说，重要性为 1。

（3）层次单排序

层次单排序是对本层次所有指标相对上一层次而言的重要性进行排序的基础。它可以归纳为特征根与特征向量的计算，即在判断矩阵 A 中，需要满足：

$$AW = \lambda_{\max} W \tag{8-2}$$

其中：$\lambda_{\max}$ 是判断矩阵 A 的最大特征根，W 是相应指标单排序的权重。

而后，为了验证数据的一致性，需要计算矩阵的一致性指标 CI：

$$CI = \frac{\lambda_{\max} - n}{n - 1} \tag{8-3}$$

其中：$CI = 0$ 时，具有完全一致性，但毕竟是理想状态，实际计算中难免会由于主观判断的不一致等因素致使存在偏差，当 $\lambda_{\max} - n$ 越大时，CI 的一致性就越差。为更有效地检测矩阵的一致性，引入平均随机一致性指标 RI，用来尽可能消除偏差的修正系数，如表 8-9 所示。

表 8-9 平均随机一致性指标 RI

阶数	1	2	3	4	5	6	7	8
RI	0	0	0.52	0.89	1.12	1.26	1.36	1.41
阶数	9	10	11	12	13	14	15	
RI	1.46	1.49	1.52	1.54	1.56	1.58	1.59	

其中，1、2 阶数的 RI 按照判断矩阵的定义总是完全一致的，因为为 0；而当阶数大于 2 的时候，一致性指标 CI 与平均随机一致性指标 RI 的比值就可以判断矩阵的一致性，假设为 CR（式 8-4）。

$$CR = \frac{CI}{RI} \quad (8-4)$$

其中：只有当 $CR \leq 0.1$ 时才会认为该判断矩阵具有满意的一致性，否则必须重新调整判断矩阵，直到具有满意的一致性为止。

运用上述计算方法，下面以创意文化街区休闲旅游品质评价体系中街区业态下餐饮的多样化 C11、游览线路的全面程度 C12、游览内容的丰富程度 C13、游览内容的趣味性和知识性 C14、购物商店的特色性 C15 五项指标为例，说明在街区业态中各指标的权重。

（1）建立评判矩阵

由咨询值可知，C11~C15 之间权重相差值分别有 0、2、5、7、9、14 六种，对照表 8-7 判断矩阵标度，构建出判断矩阵（见表 8-10）。

表 8-10 街区业态下五个因素的判断矩阵

A_{ij}	1	2	3	4	5
1	1	2	1/2	1/2	1/2
2	1/2	1	1/2	1/2	1/2
3	2	4	1	2	2
4	2	4	1/2	1	2
5	2	3	1/2	1/2	1
B_j	15/2	14	6	9/2	6
$\overline{W}$	0.159	0.125	0.416	0.291	0.231

（2）计算各个指标权重 W

根据判断矩阵求出 $\overline{W}$ =（0.159，0.125，0.416，0.291，0.231），归一化后得到权重 W =（0.131，0.102，0.340，0.238，0.189）。

(3)检验一致性

根据公式(8-5)计算得到 $\lambda_{max} = 5.1653$

$$\lambda_{max} = \sum_{i=1}^{n} \frac{(AW)_i}{nW_i} \quad (8-5)$$

从而得出 $CI = 0.0413$,$CR = 0.0413/1.12 \approx 0.037 < 0.1$,由此说明评判矩阵可以使用,不用修正。

最后得出餐饮的多样化C11、游览线路的全面程度C12、游览内容的丰富程度C13、游览内容的趣味性和知识性C14、购物商店的特色性C15五项指标的权重分别为0.131、0.102、0.340、0.238、0.189,即百分比中的比例为13.1、10.2、34.0、23.8、18.9。

综上,可以计算出创意文化街区休闲旅游品质评价体系各指标最终权重值(见表8-11)。

表8-11 创意文化街区休闲旅游品质评价体系各指标最终权重值

一级指标	二级指标	权重	三级指标	权重
A 创意文化街区休闲旅游品质(7个指标)	B1 街区业态 5个	13.9	C11 餐饮的多样化	13.1
			C12 游览线路的全面程度	10.2
			C13 游览内容的丰富程度	34.0
			C14 游览内容的趣味性、知识性	23.8
			C15 购物商店的特色性	18.9
	B2 街区文态 4个	18.6	C21 文化主题定位的鲜明程度、精确程度	26.2
			C22 文化氛围浓厚程度	38.2
			C23 文化符号布局的合理性、美观性	13.1
			C24 文化体验内容的多样化程度	22.5
	B3 街区形态 4个	12.7	C31 街区空间布局的艺术性	9.8
			C32 街区功能区结构的合理程度	13.6
			C33 文物古迹保存状况	29.0
			C34 建筑风貌保存状况	47.6
	B4 街区生态 6个	8.3	C41 街区整洁程度	28.1
			C42 绿植覆盖程度	13.0
			C43 绿植景观的观赏性	10.0
			C44 绿植景观的养护程度	10.9
			C45 自然景观与人工景观的协调性	17.3
			C46 景观形象的地域文化性	20.7

续表

一级指标	二级指标	权重	三级指标	权重
A 创意文化街区休闲旅游品质（7个指标）	B5 街区夜态 5 个	11.6	C51 夜间照明设施的覆盖程度	21.1
			C52 夜间照明设施的照明效果	19.8
			C53 夜间标识系统的可读性、合理性	10.1
			C54 夜休闲的丰富程度、多样化程度	25.5
			C55 夜间外部交通的便利程度	23.5
	B6 街区配套设施与服务 8 个	15.0	C61 休憩设备的数量	10.4
			C62 休憩设备的安全性	19.0
			C63 外部交通的完善程度	16.6
			C64 标识系统的可读性、合理性	7.4
			C65 内外部交通衔接程度	9.1
			C66 卫生间的数量	7.9
			C67 卫生间的整洁程度	20.9
			C68 医疗设施的完善程度	8.7
	B7 文化创意产品 4 个	19.8	C71 文化创意产品的数量	11.4
			C72 文化创意产品的多样性	21.8
			C73 文化创意产品的体验性	38.7
			C74 文化创意产品的独特性	28.1

二、模糊综合评价法

基于层次分析确定的指标权重，AHP-模糊综合评价模型还有最后的模糊综合评价，用以确定最终的评判效果。

模糊综合评价法是一种基于模糊数学的综合评价方法。根据模糊数学的隶属度理论把定性评价转化为定量评价。它的优点是结果清晰、系统性强，能较好地解决模糊的、难以量化的问题，适合各种非确定性问题的解决。

基于创意文化街区休闲旅游品质评价体系指标以及数据来源的模糊性特点，本研究将采用模糊综合评价法建立一个多层次的评价模型，从而综合评价创意文化街区休闲旅游的品质。具体步骤如下所示。

（1）建立因素集。根据品质评价指标建立集合，假设一级指标集为 U，二级指标集为 U_n，则表达式如下：

$U = \{U_1, U_2, U_3, U_4, U_5, U_6, U_7\}$；

$U_1 = \{u_{11}, u_{12}, u_{13}, u_{14}, u_{15}\}$；

$U_2 = \{u_{21}, u_{22}, u_{23}, u_{24}\}$；

$U_3 = \{u_{31}, u_{32}, u_{33}, u_{34}\}$；

$U_4 = \{u_{41}, u_{42}, u_{43}, u_{44}, u_{45}, u_{46}\}$；

$U_5 = \{u_{51}, u_{52}, u_{53}, u_{54}, u_{55}\}$；

$U_6 = \{u_{61}, u_{62}, u_{63}, u_{64}, u_{65}, u_{66}, u_{67}, u_{68}\}$；

$U_7 = \{u_{71}, u_{72}, u_{73}, u_{74}\}$。

（2）建立评判集。依据即将开展的满意度实证调研假设评语集为 $V=\{$很满意，满意，一般，不满意，很不满意$\}=\{V_1, V_2, V_3, V_4, V_5\}$，$V \in (0, 1)$。本研究中 $V_1=[0, 0.2]$，$V_2=(0.2, 0.4]$，$V_3=(0.4, 0.6]$，$V_4=(0.6, 0.8]$，$V_5=(0.8, 1]$。

（3）根据上文确定的指标权重建立权重集 W，依次为：

$W = \{W_1, W_2, W_3, W_4, W_5, W_6, W_7\} = \{0.14, 0.19, 0.13, 0.08, 0.12, 0.15, 0.20\}$

$W_1 = \{w_{11}, w_{12}, w_{13}, w_{14}, w_{15}\} = \{0.13, 0.10, 0.34, 0.24, 0.19\}$

$W_2 = \{w_{21}, w_{22}, w_{23}, w_{24}\} = \{0.26, 0.38, 0.13, 0.23\}$

$W_3 = \{w_{31}, w_{32}, w_{33}, w_{34}\} = \{0.10, 0.14, 0.29, 0.48\}$

$W_4 = \{w_{41}, w_{42}, w_{43}, w_{44}, w_{45}, w_{46}\} = \{0.28, 0.13, 0.10, 0.11, 0.17, 0.21\}$

$W_5 = \{w_{51}, w_{52}, w_{53}, w_{54}, w_{55}\} = \{0.21, 0.20, 0.10, 0.26, 0.24\}$

$W_6 = \{w_{61}, w_{62}, w_{63}, w_{64}, w_{65}, w_{66}, w_{67}, w_{68}\} = \{0.10, 0.19, 0.17, 0.07, 0.09, 0.08, 0.21, 0.09\}$

$W_7 = \{w_{71}, w_{72}, w_{73}, w_{74}\} = \{0.11, 0.22, 0.39, 0.28\}$

（4）确定单因素评判矩阵。第三级指标相对评语集的隶属度分别有街区业态、街区文态、街区形态、街区生态、街区夜态、街区配套设施与服务、文化创意产品七个，假设矩阵为 R，则有：

$$R_1 = \begin{bmatrix} r_{111}, r_{112}, r_{113}, r_{114}, r_{115} \\ r_{121}, r_{122}, r_{123}, r_{124}, r_{125} \\ \vdots \\ r_{151}, \cdots\cdots\cdots, r_{155} \end{bmatrix} \quad R_2 = \begin{bmatrix} r_{211}, r_{212}, r_{213}, r_{214}, r_{215} \\ r_{221}, \cdots\cdots\cdots, r_{225} \\ \vdots \\ r_{241}, \cdots\cdots\cdots, r_{245} \end{bmatrix}$$

$$R_3 = \begin{bmatrix} r_{311}, r_{312}, r_{313}, r_{314}, r_{315} \\ r_{321}, \cdots\cdots\cdots, r_{325} \\ \vdots \\ r_{341}, \cdots\cdots\cdots, r_{345} \end{bmatrix} \quad R_4 = \begin{bmatrix} r_{411}, r_{412}, r_{413}, r_{414}, r_{415} \\ r_{421}, \cdots\cdots\cdots, r_{425} \\ \vdots \\ r_{461}, \cdots\cdots\cdots, r_{465} \end{bmatrix}$$

$$R_5 = \begin{bmatrix} r_{511}, r_{512}, r_{513}, r_{514}, r_{515} \\ r_{521}, \cdots\cdots\cdots, r_{525} \\ \vdots \\ r_{551}, \cdots\cdots\cdots, r_{555} \end{bmatrix} \quad R_6 = \begin{bmatrix} r_{611}, r_{612}, r_{613}, r_{614}, r_{615} \\ r_{621}, \cdots\cdots\cdots, r_{625} \\ \vdots \\ r_{681}, \cdots\cdots\cdots, r_{685} \end{bmatrix}$$

$$R_7 = \begin{bmatrix} r_{711}, r_{712}, r_{713}, r_{714}, r_{715} \\ r_{721}, \cdots\cdots\cdots\cdots, r_{725} \\ \vdots \\ r_{741}, \cdots\cdots\cdots\cdots, r_{745} \end{bmatrix}$$

其中 r 满足 $\sum_{1}^{5} r = 1$。

(5) 确定评价隶属度矩阵。本研究所用的隶属度函数为半梯形分布函数

$$r_j = \begin{cases} 1 - r_{j-1}, & r_{j-1} \leq x_i \leq v_j \\ \dfrac{r_{j+1} - x_i}{r_{j+1} - x_j}, & v_j < x_i < v_{j+1} \\ 0, & x_i \leq v_{j-1} \text{ 或 } x_i \geq v_{j+1} \end{cases}$$

根据第(1)步因素集和第(2)步评判集的建立,得到隶属度矩阵 R。

$$R = \begin{bmatrix} r_{11}, r_{12}, r_{13}, \cdots, r_{15} \\ r_{21}, r_{22}, r_{23}, \cdots, r_{25} \\ \vdots \\ r_{m1}, r_{m2}, r_{m3}, \cdots, r_{m5} \end{bmatrix}$$

其中,m 为指标数量。

(6) 综合评判,将第(3)步中的指标权重集与第(4)步中的单因素隶属度矩阵合成运算得出单因素评判结果:

$$B_i = W_i R_i = (w_{i1}, w_{i2}, \cdots, w_{in}) \begin{bmatrix} r_{11}, r_{12}, r_{13}, \cdots, r_{15} \\ r_{21}, r_{22}, r_{23}, \cdots, r_{25} \\ \vdots \\ r_{m1}, r_{m2}, r_{m3}, \cdots, r_{m5} \end{bmatrix} = (b_{i1}, b_{i2}, \cdots, b_{i5})$$

其中,B_i 为第 i 个指标下的各个指标相对于 i 的综合评判结果,W_i 为权重集,R_i 为隶属度矩阵。

(7) 确定最终评估值。由评语集可得到评价向量 $F = (0.2, 0.4, 0.6, 0.8, 1)$,$F^T$ 为 F 的转置矩阵,从而求出创意文化街区休闲旅游品质评价的最终评估值为:

$D = B \cdot F^T$,

其中 $D \in [0, 1]$。

综上,根据以上公式计算出的最终评估值越接近于 1,则说明该创意文化街区的品质越好;如果小于 0.5,则说明该创意文化街区品质亟须改进。

第九章　北京南锣鼓巷创意文化街区实证研究

我国现有的创意文化街区有许多，比较著名的有北京南锣鼓巷、成都宽窄巷子、福州三坊七巷、苏州平江路等，在历史文化发展历程与时代变迁中的改革上均有许多相似之处。作为我国创意文化街区的代表之一，本书重点就北京南锣鼓巷进行调研以验证创意文化街区休闲旅游品质评价体系的科学性。

第一节　北京南锣鼓巷创意文化街区简介

南锣鼓巷为南北走向，长约 800 米，东西各有八条胡同整齐排列着，从南向北，西面的八条胡同是福祥胡同、蓑衣胡同、雨儿胡同、帽儿胡同、景阳胡同、沙井胡同、黑芝麻胡同、前鼓楼苑胡同；东边的八条胡同是炒豆胡同、板厂胡同、东棉花胡同、北兵马司胡同、秦老胡同、前圆恩寺胡同、后圆恩寺胡同、菊儿胡同。这些胡同在元朝时没有名称，名称是明朝以后逐渐演变来的。比如菊儿胡同，明代叫局儿胡同，后来改称橘儿胡同，清代宣统时才称菊儿胡同，后延续至今。整个街区犹如一条大蜈蚣，所以又称蜈蚣街，如图 9-1 所示。

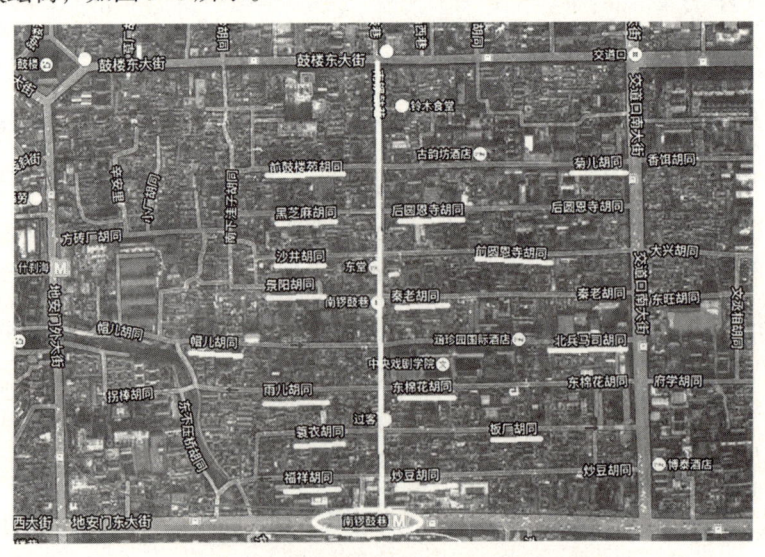

图 9-1　北京南锣鼓巷创意文化街区示意图

第二节　调查问卷的设置

对创意文化街区休闲旅游的品质评价有许多种方法，包括德尔菲法、游客满意度调研法以及资料搜集整理法等，而游客满意度调研是其中一种很重要的评价工具，为此，以创意文化街区休闲旅游品质评价体系为依据，笔者正式发放了《北京南锣鼓巷创意文化街区休闲旅游品质评价调查问卷》。本问卷主要包含三部分：第一部分调研旅游者的旅游经验，包括是否到访过南锣鼓巷、通过何种渠道知道南锣鼓巷，此外，还特别设置了认为南锣鼓巷总体品质如何的问题，以求为后续的调研做准备；第二部分是游客的基本信息，包括性别、年龄、收入、职业等；第三部分是问卷的主体，包含创意文化街区休闲旅游品质评价体系中的 7 个大指标 36 个小指标，利用李克特五点式量表（Likert scale）的形式，分别用"很满意、满意、一般、不满意、很不满意"五个选项测量旅游者对各个指标的认可程度。

第三节　调查问卷的信度和效度分析

问卷信度（reliability）主要是评价指标体系的精确性、稳定性、一致性，即测量评价过程中随机误差造成的测量值的变异程度的大小。问卷效度（validity）主要评价指标体系的准确度、有效性、正确性，即测定所赋值与目标真实值的偏差大小。因此，只有问卷的信度与效度达到一定程度才能算是标准的具有科学性利用价值的问卷，基于此，笔者在调研数据的基础上将运用 SPSS 统计分析软件对问卷进行信度检验与效度检验。

一、问卷信度检测

克隆巴赫 α 系数是经常用到的一个信度指标，它指的是某一个维度内，不同指标间的一致程度。在编制问卷或者做探索性因素分析时，通常会报告 α 系数来表明问卷的可靠程度或者结构效度。

通常认为，信度系数应该为 0~1，如果在 0.8 以上，则该测验或量表的信度非常好；信度系数在 0.7 以上都是可以接受的；如果在 0.6 以上，则该量表应进行修订，但仍不失其价值；如果低于 0.6，量表就需要重新设计了。本书利用 SPSS 软件对问卷调查信度分析结果如表 9-1 所示。

表 9-1 问卷信度计量

可靠性统计资料		
Cronbach 的 Alpha	基于标准化项目的 Cronbach 的 Alpha	项目个数
0.837	0.842	36

调查结果显示信度系数在 0.8 以上，表明本问卷结果可靠性高，信度良好，可以接受。

二、问卷效度检测

效度是指测验分数与想要测量的特征的一致性，换言之就是，测验出来的分数是否能真的反映出它想要测量的特征。调查问卷的效度分析最常用的方法有内容效度分析、结构效度分析和准则效度分析三种。本研究主要采用内容效度分析和结构效度分析两种。

（一）内容效度分析

内容效度分析又称表面效度分析或者逻辑效度分析，它反映的是问卷设计的问题是否能代表所要测量的内容或主题。本研究笔者在编制问卷的时候，主要根据确定权重以后的指标体系中的三级指标来进行，并面向旅游管理领域的专家以及工作组征询意见，在对题项与表达方式修正以后，还请了同学从答题者角度提出了宝贵意见。从而有效地保证了该问卷的内容效度。

（二）结构效度分析

结构效度分析反映的是调查问卷所要测量的目标是否能符合理论上的设想的一种分析方法，通常采用因子分析法进行检验。

本书对问卷量表中的七大指标采用 KMO、公因子方差和公因子的累积方差贡献率来判断观测变量与潜变量之间的假设关系是否与所调查的数据相吻合。判断标准是：① KMO > 0.6，表明该因子模型的效果是有效的；②公因子方差均应大于 0.4，表明该问卷中的指标 40% 以上的方差都能用公因子进行解释；③公因子的累积方差贡献率 ≥ 50%，表明该指标的影响力。达到以上三项则说明该问卷具有良好的结构效度。

利用 SPSS 软件对调查数据的因子分析，得出表 9-2 所示的结果。由表可以看出，七大指标的 KMO 值均大于 0.6，公因子方差均大于 0.4，公因子的累积方差贡献率均大于 50%，表明本问卷结果可靠性高，效度良好，可以接受。

表 9-2 调查问卷量表中七大指标效度检验结果

变量	题项	量表的 KMO	公因子方差	公因子的累积方差贡献率 %
街区业态	C11	0.845	0.526	69.695
	C12		0.788	
	C13		0.8	
	C14		0.794	
	C15		0.577	
街区文态	C21	0.873	0.885	89.454
	C22		0.881	
	C23		0.911	
	C24		0.902	
街区形态	C31	0.772	0.807	81.787
	C32		0.811	
	C33		0.843	
	C34		0.811	
街区生态	C41	0.871	0.704	80.851
	C42		0.836	
	C43		0.864	
	C44		0.812	
	C45		0.818	
	C46		0.818	
街区夜态	C51	0.83	0.769	78.748
	C52		0.802	
	C53		0.853	
	C54		0.83	
	C55		0.684	
街区配套设施与服务	C61	0.898	0.786	66.581
	C62		0.783	
	C63		0.584	
	C64		0.744	
	C65		0.615	
	C66		0.765	
	C67		0.75	
	C68		0.521	
文化创意产品	C71	0.774	0.882	69.624
	C72		0.462	
	C73		0.495	
	C74		0.546	

第四节　样本的基本情况介绍

本次调研通过电子版与纸质版的形式共发放问卷 510 份，回收有效问卷 408 份，有效问卷率为 80%。调研样本的基本情况如表 9-3 所示。

表 9-3　调研样本的基本情况

性别	比例（%）	年龄（岁）	比例（%）
男	43.13	<18	0
女	56.87	18~25	8.82
		26~35	71.57
		36~45	15.69
		46~55	3.92
		≥60	0
学历	比例（%）	收入（元）	比例（%）
初中及以下	0.98	<2000	6.86
高中（含中专）	3.92	2000~4000	16.67
大学（含本科、专科）	49.02	4000~6000	17.65
研究生（含硕士、博士）	46.08	6000~8000	19.61
		≥8000	39.22

由表 9-3 可得出以下结论。

（1）调研男女比例基本一致，不存在性别偏差。

（2）年龄在 26~35 岁占比为 71.57%，多为青壮年，可见游览创意文化街区是一项体力活动，需要旺盛的精力与求知欲，这个年龄段的旅游者正是吻合了这些特征；另外，36~45 岁的旅游者占比为 15.69%，位列第二，说明在体力允许的情况下，旅游者对于精神文化的追求还是很高的。

（3）从受教育程度上看，大学生与研究生分别占比为 49.02% 与 46.08%，充分说明了知识性在创意文化街区旅游中的重要性，也从另一个方面说明提升全民素质是一个很重要的问题。

（4）以月收入 2000 元为节点的 5 个数据占比分别为 6.86%、16.67%、17.65%、19.61%、39.22%，说明收入越高来创意文化街区的旅游者越多，尤其是高收入的旅游者，越来越注重内在的提升。

综合来说，国内的消费者不乏对高层次精神追求的旅游者，年龄、月收入和受教育程度在很大程度上都会影响创意文化街区的游览量,从旅游者类型来讲,他们都属于文化知识型游客,其特点就是文化素养高、求知欲强、对旅游日程的周密性与科学性要求较高。这些都会成为影响他们对创意文化街区品质判断的重要因素,因此,如何深度挖掘细分化市场下的旅游者的需求,并且针对性提供个性化、差异化的旅游产品是必须要重视的问题。下面将对南锣鼓巷的游客满意度进行详细分析以求找到解决方案。

第五节 南锣鼓巷调研结果分析

一、游客对南锣鼓巷街区整体品质的评价

(1)通过对问卷中"南锣鼓巷整体品质如何"的问题整理,笔者得到如图9-2所示的数据,从图中可以看出,旅游者对于南锣鼓巷的整体品质评价在较好和一般的占比分别为40.2%和41.18%,按照数据的隶属度原理,整体处于基本满意状态。

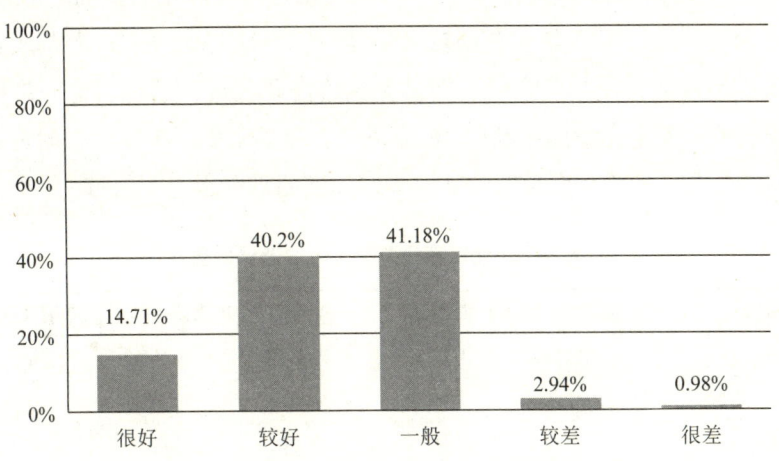

图9-2 游客对南锣鼓巷街区整体品质的评价

(2)通过旅游者对南锣鼓巷各项指标的满意度均值计算出七大指标的平均分值,笔者得到表9-4所示的数据,根据李克特量表的原理,分值越大表明旅游者对该项指标越满意,分值越小越不满意。由表9-4可以看出,旅游者认为南锣鼓巷街区文态是做得最好的,这与南锣鼓巷积淀的文化底蕴有着深刻的关系;而文化创意产品以及街区配套设施与服务方面是最差的,综合我国创意文化街区发展现状,缺乏创意与基础设施的不完善是一个普遍存在的问题;关于街区夜态和街区形态,由数据可以看出旅游者还是比较满意的,而在街区业态与街区生态上还有些不尽如人意。具体七项指标

中的小指标分析将在下文详细列出。

表 9-4 南锣鼓巷街区七大指标平均分

指标	平均分
街区业态	3.41
街区文态	3.54
街区形态	3.45
街区生态	3.31
街区夜态	3.49
街区配套设施与服务	3.24
文化创意产品	3.23

二、南锣鼓巷街区业态调查分析

从南锣鼓巷街区业态的满意度数据看（见表9-5），整体平均分都相差不大，其中得分最高的为餐饮的多样化，得分最低的为游览内容的趣味性、知识性，说明消费者对于南锣鼓巷餐饮方面还是比较满意的，但在文化内容多样化的呈现上是最不满意的，排除众口难调的因素，南锣鼓巷在创意上的提升空间还是很大的；游览线路的全面程度所得均值也比较低，说明南锣鼓巷的游览线路需要改进，这也可能与南锣鼓巷本身的地理环境有关，要走完从南到北的16条胡同也确实需要不少体力与耐力，除了旅游者自身身体的原因，相关配套设置与文娱丰富程度的搭配也是很关键的。

表 9-5 北京南锣鼓巷街区业态调研表

指标	很满意（%）	满意（%）	一般（%）	不满意（%）	很不满意（%）	平均分
餐饮的多样化	11.76	33.33	48.04	6.86	0	3.50
游览线路的全面程度	12.75	26.47	48.04	12.75	0	3.39
游览内容的丰富程度	11.76	34.31	38.24	15.69	0	3.42
游览内容的趣味性、知识性	10.78	30.39	38.24	20.59	0	3.31
购物商店的特色性	9.8	37.25	39.22	10.78	2.94	3.40

三、南锣鼓巷街区文态调查分析

整理旅游者对于北京南锣鼓巷街区文态的满意度数据后得出表9-6。由表9-6可知，文化氛围浓厚程度平均分最高，说明旅游者认为南锣鼓巷整体的文化氛围还是很高的；文化主题定位的鲜明程度、精确程度上得分最低，需要进一步提升。纵观整体南锣鼓巷问卷调查，文态中的四个指标的平均分均在3.5分以上，说明旅游者对于南锣鼓巷在文态方面的表现还是比较满意的。究其原因，南锣鼓巷文化内涵的丰富程度还是有的，毕竟有那么多的名人故居，很多历史故事也都发生在此，其缺少的只是以一种创新又具有差异化的方式使"南锣鼓巷"更加具象化、更加深入人心。

表9-6 北京南锣鼓巷街区文态调研表

指标	很满意（%）	满意（%）	一般（%）	不满意（%）	很不满意（%）	平均分
文化主题定位的鲜明程度、精确程度	10.78	37.25	39.22	10.78	1.96	3.51
文化氛围浓厚程度	6.86	22.55	43.14	20.59	6.86	3.59
文化符号布局的合理性、美观性	14.71	33.33	42.16	9.8	0	3.53
文化体验内容的多样化程度	8.82	30.39	38.24	17.65	4.9	3.55

四、南锣鼓巷街区形态调查分析

整理旅游者对于北京南锣鼓巷街区形态的满意度数据后得出表9-7。由表9-7可以看出，文物古迹和建筑风貌的保存状况平均得分最高，为3.49分，说明南锣鼓巷对街区的保护还是比较到位的，现今国内许多文化街区都出现商业店铺与文化遗产争夺的形势，使得许多的文物古迹和建筑都受到了不同层次的损害，而南锣鼓巷在此方面却有不一样的表现；另外，在空间布局的艺术性和功能区结构的合理程度上，旅游者是持一种较为保守的态度，就笔者个人的实地体验来看，仍然需要当地管理部门在这两项指标上多下功夫，努力使布局与空间更加人性化。

表9-7 北京南锣鼓巷街区形态调研表

指标	很满意（%）	满意（%）	一般（%）	不满意（%）	很不满意（%）	平均分
街区空间布局的艺术性	11.76	34.31	39.22	13.73	0.98	3.42
街区功能区结构的合理程度	13.73	29.41	41.18	14.71	0.98	3.40
文物古迹保存状况	16.67	32.35	37.25	10.78	2.94	3.49
建筑风貌保存状况	16.67	32.35	36.27	12.75	1.96	3.49

五、南锣鼓巷街区生态调查分析

整理旅游者对于北京南锣鼓巷街区生态的满意度数据后得出表9-8。由表9-8可以知道，景观形象的地域文化性得分最高，为3.39分；自然景观与人工景观的协调性得分也很高，为3.37分，就笔者实地调研认为整个街区整体生态的美观程度还是比较不错的；然而，生态指标中的其他四项指标却不尽如人意，得分均比较低，说明南锣鼓巷在绿植和整洁度上下的功夫还是不够的,这不仅仅与监管程度有关,更与旅游者个人素质的提升有很大关系。

表 9-8 北京南锣鼓巷街区生态调研表

指标	很满意(%)	满意(%)	一般(%)	不满意(%)	很不满意(%)	平均分
街区整洁程度	13.73	32.35	33.33	15.69	4.9	3.34
绿植覆盖程度	12.75	21.57	46.08	17.65	1.96	3.25
绿植景观的观赏性	11.76	22.55	46.08	17.65	1.96	3.24
绿植景观的养护程度	10.78	23.53	44.12	17.65	3.92	3.20
自然景观与人工景观的协调性	11.7	29.41	44.12	13.73	0.98	3.37
景观形象的地域文化性	12.75	27.45	46.08	13.73	0	3.39

六、南锣鼓巷街区夜态调查分析

整理旅游者对于北京南锣鼓巷街区夜态的满意度数据后得出表 9-9。由表 9-9 可以看出,南锣鼓巷在夜间照明设施的照明效果和夜休闲的丰富程度、多样化程度上是最让旅游者满意的地方,平均分分别为 3.53 和 3.55,究其原因,现今人民生活水平的提升也伴随着夜生活的丰富多彩,南锣鼓巷位于北京的中心地带,其与周边夜生活的融合更是间接地提升了街区整体夜生活的品质;然而综合考虑之下,在夜间外部交通的便利程度上就整个夜态来说旅游者是最不满意的,这与南锣鼓巷街区的地理位置分不开的,该点将在南锣鼓巷街区配套设施与服务调查中详解。

表 9-9 北京南锣鼓巷街区夜态调研表

指标	很满意(%)	满意(%)	一般(%)	不满意(%)	很不满意(%)	平均分
夜间照明设施的覆盖程度	11.76	31.37	48.04	8.82	0	3.46
夜间照明设施的照明效果	14.71	30.39	48.04	6.86	0	3.53
夜间标识系统的可读性、合理性	11.76	31.37	49.02	6.86	0.98	3.46
夜休闲的丰富程度、多样化程度	12.75	27.45	50.98	7.84	0.98	3.55
夜间外部交通的便利程度	7.84	41.18	40.2	9.8	0.98	3.45

七、南锣鼓巷街区配套设施与服务调查分析

整理旅游者对于北京南锣鼓巷街区配套设施与服务调查的满意度数据后得出表 9-10。由表 9-10 可知,南锣鼓巷在外部交通的完善程度和标识系统的可读性、合理性上得分最高,结合街区夜态中夜间外部交通的便利程度分析,得分均为 3.45,首先南锣鼓巷所在的地理位置的优越性是毋庸置疑的,然而因为处于北京中心的位置,其所

承受的交通压力也是很大的，常常伴随着堵车、无处停放私家车以及停车费过高等的窘状，很多时候都很难使得消费者能带着一颗平静的心深入南锣鼓巷去体验；关于旅游目的地卫生间的数量和质量问题一直是困扰旅游者乃至管理者的问题，通过平均分数据可以看出南锣鼓巷也存在这个问题；在休憩设备上，数量与安全性也是不尽如人意，这些都说明管理部门在基础设施建设上还是缺乏周全的考虑，需要进一步提升。

表9-10 南锣鼓巷街区配套设施与服务调研表

指标	很满意(%)	满意(%)	一般(%)	不满意(%)	很不满意(%)	平均分
休憩设备的数量	10.78	29.41	37.25	20.59	1.96	3.26
休憩设备的安全性	7.84	33.33	44.12	12.75	1.96	3.32
外部交通的完善程度	14.71	35.29	39.22	9.8	0	3.45
标识系统的可读性、合理性	15.69	25.49	47.06	11.76	0	3.45
内外部交通衔接程度	8.82	37.25	40.2	11.76	1.96	3.39
卫生间的数量	6.86	32.35	37.25	23.53	0	3.23
卫生间的整洁程度	9.8	23.53	45.1	21.57	0	3.21
医疗设施的完善程度	7.84	21.57	44.12	15.69	10.78	3.00

八、南锣鼓巷文化创意产品调查分析

整理旅游者对于北京南锣鼓巷街区文化创意产品的满意度数据后得出表9-11。由表9-11可以看出，旅游者在文化创意产品上总体呈现非常不满意的态势，尤其是产品的体验性和多样性上，平均分分别为3.05分和3.19分，这是因为由于产品的匮乏性，旅游者在南锣鼓巷只能走马观花式地游览，要使旅游者转化成休闲的模式还需要加大改革、创新产品的力度，不一定在数量上取胜，更重要的是差异化与个性化。

表9-11 南锣鼓巷文化创意产品调研表

指标	很满意(%)	满意(%)	一般(%)	不满意(%)	很不满意(%)	平均分
文化创意产品的数量	13.73	22.55	50.98	10.78	1.96	3.25
文化创意产品的多样性	7.84	29.41	41.18	17.65	3.92	3.19
文化创意产品的体验性	4.9	21.57	50	20.59	2.94	3.05
文化创意产品的独特性	17.65	29.41	33.33	17.65	1.96	3.43

九、结合人口特征数据的分析

以南锣鼓巷调查问卷为基础，结合具体的人口特征数据（见表9-12），笔者进行了以下几点分析。

表 9-12　南锣鼓巷整体品质评价中的人口特征数据占比

		很好（%）	较好（%）	一般（%）	较差（%）	很差（%）
性别	男	15.9	45.5	34.1	2.2	2.2
	女	13.8	41.4	41.4	3.4	0
年龄	<18	0	0	0	0	0
	18~25	0	55.6	44.4	0	0
	26~35	16.4	37	41.1	4.1	1.4
	36~45	18.8	31.3	50	0	0
	46~55	0	100	0	0	0
	≥50	0	0	0	0	0
学历	初中及以下	100	0	0	0	0
	高中（含中专）	25	50	25	0	0
	大学（含本科、专科）	20	38	34	6	2
	研究生（含硕士、博士）	6.4	40.4	51.1	2.1	0
收入	<2000	14.3	28.6	57.1	0	0
	2000~4000	29.4	41.2	29.4	0	0
	4000~6000	22.2	44.4	33.3	0	0
	6000~8000	5	30	50	15	0
	≥8000	10	45	42.5	0	2.5

（1）性别与对各个指标的满意度判断并无直接联系。

由表 9-12 也可以看出，在 $V=\{$很好，较好，一般，较差，很差$\}$ 的区间内，男女比例在每一项中的占比分别为 $V_{男}=\{15.9, 45.5, 34.1, 2.2, 2.2\}$，$V_{女}=\{13.8, 41.4, 41.4, 3.4, 0\}$，基本是持平的。

（2）年龄在 26~45 岁之间的旅游者随着年龄的增长对于品质的追求更高。

25 岁以下的旅游者多为学生，在游览的时候限于财力的约束，更多的是观光以及对于文化的浅显认知，对于深层次的领悟与研究能力有所缺乏，多是更为主观地判断街区的好还是不好，因此在较好和一般中的占比分别为 55.6% 和 44.4%；而 26~45 岁的旅游者，多为有一定的旅游经验也有一定的财力用来消费和体验的旅游者，他们能从自身的经验库中搜索哪些是新鲜的让自己满意的，哪些是见怪不怪难以满足需求的，从而直白地表达出自身的看法；对于 46 岁以上的旅游者，由于社会阅历的丰富程度加深，反而更能对旅游途中让自己不满意的方面持一种宽容的态度，以至满意度各方面更偏向于中性甚至中上水平，因此在调研结果中认为较好的旅游者占比是 100%。

（3）受教育程度高的旅游者更倾向于知识的深层次挖掘。

比如在街区业态中对于游览线路丰富程度的感知，学历越高的旅游者更能赞同一种"地毯式"的游览，因为他们认为新奇的知识总是能带给人更多的惊喜，当然也有一部分旅游者认为不一定非要"地毯式",但一定要"精",即精致化的线路、精准化的服务、精细化的体验,然而不管哪个角度都强调一种"丰富性";而学历低的旅游者在笔者的实地调查中,大多是跟随者,笔者将其称为"被动式旅游者",即很少有出于单独的强烈意愿到南锣鼓巷游览,因此这部分旅游者多是一种比较随性的态度,只要没有非常不满意的方面基本都会认为符合了自己的需求。

(4)收入的高低很大程度上影响的是消费的品质但并不妨碍对于街区整体品质的感知。

收入的高低大多与受教育程度或者年龄相关,收入高的旅游者更偏向于街区的服务,不管是公共服务还是街区业态等方面的服务,都希望能更加人性化,比如游憩设施的舒适度与安全度;相对而言,收入偏低的旅游者也多为刚毕业或工作没几年的年轻人,一来因为预算有限,二来因为身体素质较好,更偏向于经济实惠有吸引力的小吃、特色小店铺、相对偏僻的景点等。

第六节 AHP-模糊综合评价法验证

一、确定南锣鼓巷创意文化街区品质评价模糊综合评价集

依据第八章中的计算方法及笔者对于408份问卷的数据整理,计算出北京南锣鼓巷在街区业态、街区文态、街区形态、街区生态、街区夜态、街区配套设施与服务、文化创意产品七个方面的评判矩阵:

$$R_1 = \begin{bmatrix} 0.011 & 0.033 & 0.048 & 0.067 & 0.000 \\ 0.013 & 0.027 & 0.048 & 0.013 & 0.000 \\ 0.011 & 0.034 & 0.038 & 0.016 & 0.000 \\ 0.011 & 0.030 & 0.038 & 0.021 & 0.000 \\ 0.010 & 0.037 & 0.039 & 0.011 & 0.003 \end{bmatrix} \quad R_2 = \begin{bmatrix} 0.013 & 0.037 & 0.039 & 0.011 & 0.000 \\ 0.016 & 0.035 & 0.039 & 0.010 & 0.000 \\ 0.015 & 0.033 & 0.042 & 0.010 & 0.000 \\ 0.018 & 0.032 & 0.038 & 0.011 & 0.001 \end{bmatrix}$$

$$R_3 = \begin{bmatrix} 0.012 & 0.034 & 0.039 & 0.014 & 0.001 \\ 0.014 & 0.029 & 0.041 & 0.015 & 0.001 \\ 0.017 & 0.032 & 0.037 & 0.011 & 0.003 \\ 0.017 & 0.032 & 0.036 & 0.022 & 0.002 \end{bmatrix} \quad R_4 = \begin{bmatrix} 0.014 & 0.033 & 0.033 & 0.016 & 0.005 \\ 0.013 & 0.022 & 0.046 & 0.017 & 0.002 \\ 0.012 & 0.023 & 0.046 & 0.018 & 0.002 \\ 0.011 & 0.024 & 0.044 & 0.018 & 0.004 \\ 0.012 & 0.029 & 0.044 & 0.014 & 0.001 \\ 0.013 & 0.027 & 0.046 & 0.014 & 0.000 \end{bmatrix}$$

$$R_5 = \begin{bmatrix} 0.012 & 0.031 & 0.048 & 0.009 & 0.000 \\ 0.015 & 0.030 & 0.048 & 0.007 & 0.000 \\ 0.012 & 0.032 & 0.049 & 0.007 & 0.001 \\ 0.013 & 0.027 & 0.051 & 0.008 & 0.001 \\ 0.008 & 0.041 & 0.040 & 0.010 & 0.001 \end{bmatrix} \quad R_6 = \begin{bmatrix} 0.011 & 0.029 & 0.037 & 0.021 & 0.002 \\ 0.008 & 0.033 & 0.044 & 0.013 & 0.002 \\ 0.013 & 0.035 & 0.039 & 0.010 & 0.003 \\ 0.016 & 0.025 & 0.047 & 0.012 & 0.000 \\ 0.009 & 0.037 & 0.040 & 0.012 & 0.002 \\ 0.007 & 0.037 & 0.040 & 0.012 & 0.002 \\ 0.010 & 0.024 & 0.045 & 0.022 & 0.000 \\ 0.008 & 0.022 & 0.044 & 0.016 & 0.011 \end{bmatrix}$$

$$R_7 = \begin{bmatrix} 0.014 & 0.023 & 0.051 & 0.011 & 0.002 \\ 0.008 & 0.029 & 0.041 & 0.017 & 0.004 \\ 0.005 & 0.021 & 0.050 & 0.021 & 0.003 \\ 0.018 & 0.032 & 0.037 & 0.012 & 0.001 \end{bmatrix}$$

利用权重集与单因素评判矩阵的综合运算得到单因素评判结果并进行归一化处理以后得到：

$B_1 = W_1 R_1 = (0.102, 0.305, 0.377, 0.210, 0.005)$

$B_2 = W_2 R_2 = (0.156, 0.346, 0.392, 0.105, 0.002)$

$B_3 = W_3 R_3 = (0.154, 0.305, 0.357, 0.164, 0.020)$

$B_4 = W_4 R_4 = (0.129, 0.280, 0.406, 0.160, 0.025)$

$B_5 = W_5 R_5 = (0.119, 0.333, 0.471, 0.084, 0.002)$

$B_6 = W_6 R_6 = (0.108, 0.291, 0.410, 0.147, 0.072)$

$B_7 = W_7 R_7 = (0.104, 0.263, 0.449, 0.158, 0.030)$

接下来就可以得到北京南锣鼓巷创意文化街区品质评价模糊综合评价集：

$$R = \begin{bmatrix} 0.102 & 0.305 & 0.377 & 0.210 & 0.005 \\ 0.156 & 0.346 & 0.392 & 0.105 & 0.002 \\ 0.154 & 0.305 & 0.357 & 0.164 & 0.020 \\ 0.129 & 0.280 & 0.406 & 0.160 & 0.025 \\ 0.119 & 0.333 & 0.471 & 0.084 & 0.002 \\ 0.108 & 0.291 & 0.410 & 0.147 & 0.072 \\ 0.104 & 0.263 & 0.449 & 0.158 & 0.030 \end{bmatrix}$$

二、确定南锣鼓巷创意文化街区品质评价模糊综合评价最终评估值

由以上模糊综合评价集算出综合评价：

$$B = WR = (w_1, w_2, \cdots, w_7) \begin{bmatrix} R_1 \\ R_2 \\ \vdots \\ R_7 \end{bmatrix} = (0.126, 0.306, 0.412, 0.148, 0.048)$$

由以上结果可以知道，在最大隶属度原则的依据下，在评语"一般"上的数据为 0.042，在评语"比较满意"上的数据为 0.031。为了能更精确地反映出创意文化街区休闲旅游的品质，结合创意文化街区评价等级 $F = (0.2, 0.4, 0.6, 0.8, 1)$ 的转置矩阵与模糊综合评价集 B 合成，则有了最终的创意文化街区休闲旅游品质评价的评估值：

$$D = BF^T = (0.126, 0.306, 0.412, 0.148, 0.048) \begin{bmatrix} 0.2 \\ 0.4 \\ 0.6 \\ 0.8 \\ 1.0 \end{bmatrix} = 0.564$$

从最终评估值 $0.564 \in [0, 1]$ 可以看出该结果有效且说明北京南锣鼓巷创意文化街区的品质是较好的，其街区业态、街区文态、街区形态、街区生态、街区夜态、街区配套设施与服务、文化创意产品七大指标整体上能满足旅游者的消费需求，只是还有很大的提升空间。

三、游客满意度评价与 AHP- 模糊综合模型的比较分析

如上文对问卷具体内容的详细分析所述，根据图 9-1 可以看出，旅游者对于南锣鼓巷创意文化街区的整体品质感觉分别为：很好占 14.71%，较好占 40.2%，一般占 41.18%，较差占 2.94%，很差占 0.98%。也就是在评价在评语集 V ={ 很好，较好，一般，较差，很差 } 的隶属度上为 $V = [0.147, 0.402, 0.412, 0.030, 0.010]$，等式为：{ 很好，较好，一般，较差，很差 } = $[0.147, 0.402, 0.412, 0.030, 0.010]$（9-1）

结合南锣鼓巷创意文化街区休闲旅游品质评价的模糊综合评价集，即 $B = [0.126, 0.306, 0.412, 0.148, 0.048]$，根据数据的隶属度原则，也可以得出一个等式：{ 很好，较好，一般，较差，很差 } = $[0.126, 0.306, 0.412, 0.148, 0.048]$（9-2）。

将等式（9-1）与等式（9-2）相比较发现，南锣鼓巷创意文化街区在游客满意度评价与 AHP- 模糊综合模型评价下的隶属度基本是吻合的。

另外，通过对南锣鼓巷创意文化街区问卷数据的分析也可以得出其整体上是可以满足旅游者休闲需求的，旅游者也对南锣鼓巷现有的品质比较满意，这与 AHP- 模糊综合模型评价得出的结果也是吻合的。

第十章 研究结论与对策建议

第一节 研究结论

创意文化街区休闲旅游品质评价研究是一项集合多种学科的复杂性分析工作,根据以上研究内容,本研究主要得出以下三点结论。

(1)构建创意文化街区休闲旅游品质评价体系方面。从街区业态、街区文态、街区形态、街区生态、街区夜态、街区配套设施与服务以及文化创意产品七个方面对品质评价体系指标进行了归纳与总结;通过预调研的形式确定最终指标体系,该体系一共分三级,除了目标层,二级指标中的街区业态下有五个指标、街区文态下有四个指标、街区形态下有四个指标、街区生态下有六个指标、街区夜态下有五个指标、街区配套设施与服务下有八个指标、文化创意产品下有四个指标,合计36项指标;最后通过AHP–模糊综合评价模型的运用得出各个指标的权重,最终完成创意文化街区休闲旅游品质评价体系的构建。

(2)南锣鼓巷创意文化街区验证品质评价体系的科学性方面。首先,通过对南锣鼓巷调研结果的分析与整理,得出旅游者对于南锣鼓巷整体是比较满意的;南锣鼓巷创意文化街区整体上是可以满足旅游者休闲需求的,其品质也整体上能被旅游者接受;南锣鼓巷的品质是较好的,其在街区业态、街区文态、街区形态、街区生态、街区夜态、街区配套设施与服务、文化创意产品七大指标上基本能满足旅游者的消费需求。

(3)为创意文化街区品质的提升提出建议方面。以南锣鼓巷创意文化街区为例,结合品质评价体系的七大指标,扩展到全国创意文化街区,分别从街区业态、街区文态、街区形态、街区生态、街区夜态、街区配套设施与服务、文化创意产品七个方面总结了现今存在的主要问题并给出了提升建议,有益于我国创意文化街区未来设计、建设与管理的提升。

第二节 对策建议

一、街区业态方面

开发历史街区并进行商业化运作的方式,就是对城市建筑遗产的再利用,在原有遗产的基础上成立各种商业店铺为旅游者提供食住行游购娱的服务。在开发过程中应当注重以下几点：一是充分考虑产业结构的合理性，使之形成产业链，根据街区实际情况确定发展方向，重点提升具有明显的地域文化特征的产业，提升旅游者的体验性、趣味性、全面性、丰富性，培养细分市场下的特色固定群体；二是在充分营造地域生活体验的同时，合理规划旅游线路，避免旅游者对于原住居民的过度侵扰以及人车混杂的场面。

二、街区文态方面

这是目前国内创意文化街区在开发中需要首先考虑的因素。文态是街区的灵魂，只有对街区的发展进行明确定位才能合理地进行各种产业的空间布局。一是明确街区主题定位，加大宣传力度，使游客真切地感受到是置身于一个特定的街区，而不只是换了一个城市的"熟悉街区"，这需要相关部门的积极宣传，包括对于特定的具有地域性文化符号的景观和文化旅游纪念产品的建设与合理的布局；二是加强街区非物质文化遗产的体验性，提升游客对于文化氛围的感知。例如，北京南锣鼓巷里的吹糖人、皮影戏、评书等，成都宽窄巷子里的满族文化、市井生活等。使这些多样化的体验成为游客在游览中的常态化现象，并成为街区的特色性符号。

三、街区形态方面

每个创意文化街区几乎都能代表这个城市的传统风貌，都会有一个只属于这个城市的建筑体系作为传统建筑文化的一部分。比如北京南锣鼓巷的老北京四合院，成都宽窄巷子的老成都"千年少城"城市格局和百年原真建筑格局，福州三坊七巷的三坊七巷古建筑群，苏州平江路以园林建筑风格的庭院所组成的城坊格局建筑群等。因此在开发过程中，一是必须要从传统建筑文化保护的历史性、真实性、完整性出发，在保留建筑形象完美的同时，传播历史蕴含的精神价值；二是注重街区功能结构的合理性，现在许多街区在利益的驱使下，其商业建筑群已与游览的院落街巷建筑群形成争夺之势，这不仅使得街区的同质化越来越严重，更是对传统建筑文化的毁灭性开发。

四、街区生态方面

街区生态主要包含街区的卫生和物理环境，主要可以从以下几点出发：一是原住居民的环保意识，原住居民作为街区生态的首要消耗者，减少能源消耗、充分利用可再生资源的环保意识是十分有必要的；二是旅游者的生态保护意识，中国现阶段的旅游者还是处在趋于成熟的路上，这不仅仅与游客自身素质有关，更与相关的引导和宣传相关；三是地方管理部门完善的监管制度，不管是在人口数量的控制上，还是在街区卫生环境的管理上，地方管理部门都在整个街区品质的提升中始终扮演着重要的角色，这就要求其在考虑经济收益的同时充分考虑生态承载力。

五、街区夜态方面

以休闲为主体的夜生活是集文化交流、休闲娱乐、旅游观光为一体的多元化夜生活活动内容，也可以称之为"夜态城市"。创意文化街区的夜生活作为"夜态城市"的一部分，因其文化遗产的独特性更应该受到关注。街区夜态是我国创意文化街区需要共同提升的问题。一是合理规划街区的功能区，于相应的功能区上提供相应的照明系统以及明确的标识系统；二是完善外部交通，增强夜晚街区交通与外部交通的衔接，提升游客安全感；三是基于街区文态中关于非物质文化遗产的体验性方面，增强夜晚活动的知识性、趣味性，切忌三俗性质产品的涉足，这就需要地方管理部门加大监管力度以及旅游者提升自身素质。

六、街区配套设施与服务方面

配套设施与服务是一个庞大而复杂且杂乱的体系，需要地方管理部门与街区商户的共同努力。首先，需要街区商户为旅游者提供差异化、个性化服务，例如接待过程中、游览解说中的个性化。其次，需要地方管理部门对于街区配套设施的建设，比如评价体系指标中的休憩设备、交通、标识系统、卫生间、医疗设施，等等。在建设过程中需要把握两个原则，一是以人为本原则，现在国内有些街区的设施设备看起来只是摆设，旅游者甚至当地居民的利用程度都不高，比如街区内的电话亭，这就需要管理部门站在旅游者角度在建设的时候更加人性化；二是资金支持专款专用原则，配套设施的建设需要强大的资金支持，只有坚持专款专用才能杜绝各种违规操作。

七、文化创意产品方面

国内创意文化街区文化产品丰富的数量是毋庸置疑的，但是在创意性、多样性、体验性和独特性方面缺乏说服力，很多游客都有一种"似曾相识"的感觉。要解决这个问题，可以从以下几点出发：一是突出产品的地域性，使文化创意产品既与地域文化融合又与文化符号融合，向旅游者展现人文特色；二是注重对知识产权的保护，比如"南锣鼓巷""宽窄巷子"，这几个字的商业影响力与价值已经远远大于其字体自身的分量，目前国内的街区对于这个问题的重视程度还不够，这在很大程度上会扰乱旅游者的区域辨别能力，对街区可持续化发展形成阻碍。

第三篇

对外传播：旅游对北京文化传播的影响研究

第十一章　旅游文化传播理论基础与研究进展

第一节　文献综述

一、国内研究现状

相关著作中，郭绍棠的学术论文《旅游：跨文化想象》在作品和历史文化传播论的基础上梳理了大量的外国文学和中国传统文学作品，探讨了跨文化旅游的传播，并利用现代科学给予了一个新的解释数据，强调了跨文化和跨学科的分析视角，其杂糅后提炼出的新观点非常独特和新颖，是开创性、创新性的研究。

在由复旦大学出版社出版的章海荣的著作《旅游文化学》中，涉及旅游文化传播的基本理论支撑；在青岛出版社出版的马波的著作《现代旅游文化研究》中，阐述了近现代旅游文化的内涵、价值和主要表现形式。二者在微妙差异的情况下都谈到了文化旅游和文化交流活动。

旅游活动不可能离开旅游资源中蕴含的文化，旅游的传播过程就是文化的传播过程。传统文化和旅游活动是密切相连的，媒介运用是其成败的关键，所以从传播学角度研究旅游是十分新颖的突破口。目前搜集到的有关旅游文化传播的文献和著作，大多都是把传播学作为一种研究方法或手段辅助研究旅游。

在实践印证方面，杨军所著的《如何发展旅游活动中的文化内涵》把旅游和文化以及媒介的关系上升到了实际的层面，切实探讨了如何发掘媒介整合战略。

在程艳所著的旅游传播学经典丛书《论现代旅游广告的传播策略》，以及乌铁红、李文杰所著的《旅游形象设计和传播手段研究》，万三敏所著的《旅游目的地品牌信息传播探析》，梁海燕所著的《城市旅游形象塑造与传播策略》等以及一些相关的研究工作中，对于旅游对文化传播的影响主要集中在操作描述理论，很少有高度的分析和实证研究，从媒介战略角度出发切实提出旅游文化传播对策对目的地的发展起着重要作用。

李笑一在《在文化传播机制的旅游活动讨论》中提出文化旅游传播的特点是文化传播的旅游活动，提出了传播战略研究的设想。深圳大学李蕾蕾的著作《旅游形象策划：理论与实践》探讨了旅游品牌的传播，这是第一个探索旅游文化传播的系统著作。

当然，非学术界很多媒体也就旅游的传播功能进行了有益的探讨。旅游卫视及《旅行者》《中国国家地理》《时尚旅游》《旅游》等旅游媒体对传媒在旅游中的运用进行了分析和讨论。陈小春、陈志辉在其著作《旅游信息科学》中以独到的角度，将旅游和文化旅游、旅游信息的传播策略相结合，以及对旅游和文化旅游、旅行和旅游信息传播策略进行组合来进行信息的传播，是一本全面介绍和阐述信息传播和旅游管理的创新著作。

李锋的《旅游传播学理论体系建设的探讨》、王洁的《试论一种特殊的传播模式——旅游传播》、周鸿铎的《文化与传播学通论》，都将旅游和文化纳入研究旅游文化传播的范畴，提出传播是一种精神和文化活动，它是为了满足游客的社会文化现象需要的客观存在。

二、国外研究现状

罗伯特·麦金托什指出："人们不应该简单地把旅游业作为一个独立的业务，也应将其视为相互理解的人类社会相互交流沟通的重要方式。人们不应该简单地把旅游业看作一个独立的个体商业，还应将其看作人类社会相互交流沟通以及相互了解的重要方式。在当今世界，那些千奇百怪、相互影响的事物，正等待着我们去认识拓展。"

从国外有限的数据和信息资料看，最相关的理论大多集中在旅游品牌传播。而旅游业是旅游传播研究的重要部分，这些研究大部分都被放置在了文化旅游方向上，而我们要从传播战略方面的角度出发，积极探索旅游媒介对于传播目的地文化的重要性。

总体来看，旅游传播战略没有受到学术界的关注，缺乏重量级研究成果。

第二节 旅游文化传播

一、旅游文化人内传播

旅游文化人内传播又称内向传播或自我传播，是一种发生在一个人自身内部集传授于一身的信息自我交流行为，这种人内受传机制相互作用并影响自我交流行为的全过程，是在"主我"和"客我"之间进行的信息流通。因此它只存在于旅游行为的主体中。

根据旅游过程发生的先后，可以把旅游者分为潜在旅游者、旅游者、回归旅游者。旅游者在不同阶段，有不同的目的，因此在不同阶段，旅游者的旅游文化人内传播也有不同的内容。当然，不同的旅游者有着不同的文化身份、不同的教育背景和不同的心理特征，因而同一阶段的不同旅游者所关注度问题也会有所差异，但是，他们应该有一些基本的共同特征。

(一) 潜在旅游者关于旅游文化人内传播

潜在旅游者在外出之前，要根据自己的旅游动机思考去何地旅游。尽管有些旅游动机是潜在的，没有被旅游者明确意识到，但在他们进行选择的时候也就是在进行非常频繁的内向传播，在这种传播过程中，旅游文化成为主要内容。如潜在旅游者有文化、教育或参观游览社会遗产方面动机，肯定要在"主我"与"客我"之间进行旅游文化的对话，通过现有的信息不断地进行评价、分析和判断等交互沟通之后，潜在旅游者才能够决定是否转变为现实旅游者。潜在旅游者如果是有购物、身体以及商务方面的动机，在"主我"与"客我"之间也可能要涉及旅游文化的对话：因为若进行购物，就要分析备选目的地的商业文化是否适合；若进行身体疗养，就要考察备选地的生态和其他民族风情文化。如果旅游文化丰富，该地成为目的地的概率要大得多。即便潜在旅游者具有商务方面的动机，也一样会考虑旅游文化。所以，旅游文化是潜在旅游者内在传播的主要内容。

(二) 旅游者关于旅游文化人内传播

经过前期准备，旅游者把旅游变成了现实，开始在异质文化中展开旅游活动。在此阶段，旅游者通过自己的感官形成对旅游目的地旅游文化的直接感受，体验异质文化的神奇和美妙，从而达到消遣和休闲的目的。日本学者前田勇认为旅游者的一般心理和行为特征可以概括为"解放感与紧张感两种完全相反的心理状态的同时高涨"。旅游者的解放感是指从平时的生活环境下解脱出来，随着旅游活动的进行所发生的心理变化。紧张感就是在旅游活动中，旅游者要不断与旅游目的地"未知"的异质文化发生碰撞、交流而产生的包括旅游者因对身处环境和活动节奏不适应所形成的心理状态或旅游中的文化震惊。

在研究旅游者的文化人内传播时，按照旅游者是否已经接受和亲历旅游目的地文化可分为"主我"和"客我"两个概念。"主我"是未接受旅游目的地文化之前的我，否则就被视为"客我"，这两者由旅游目的地的旅游文化联系起来。"主我"包括个人知识背景、社会地位、文化身份、个人经历等，它对与"客我"之间交互作用效果的好坏有影响。旅游目的地文化与客源地文化差异越大，"主我"与"客我"两者之间的交互作用的效果就越明显。如果个人旅游经验丰富、见多识广、对旅游目的地的文化非常熟悉，那么在旅游者内心造成的刺激相对来说就要小得多，自我传播要少；相反，自我传播就要激烈得多、频繁得多。在这样的心理交互作用中，旅游者不断获得轻松感。

二、旅游者回归后的自我传播

旅游者经历了旅游过程后,回到原来居住的地方,此时旅游目的地对他的刺激已经结束。如果旅游过程很愉快,旅游者会对这次旅游非常怀念,会经常回味旅游过程,甚至形成文字,作为纪念,也可能把旅游文字或照片发表到大众媒介上,供他人欣赏,和他人一起分享旅游的快乐。如果旅游过程不愉快,遇到很多麻烦,旅游者就会对旅游不满意,甚至非常后悔进行了旅游,有可能把自己的感受经过总结加工后向周边的人进行传播,甚至形成文字,发表在大众传播媒介上,产生一定的社会影响。

旅游者从旅游目的地归来后,对旅游地文化和自身所处的文化进行比较,形成对自己所处文化身份的不同心理:如果本身所处文化比较先进,就可能产生优势心理;如果本身所处文化相对落后,旅游者可能产生自卑,甚至学习、模仿的心理,并付诸行动。这些都会引起社会文化的变化,使旅游不断产生后续影响。

三、旅游文化人际传播

在旅游文化传播过程中,人际传播扮演着重要角色。人际传播是个体之间的信息交互,也是个人与个人之间组成的新的信息传播系统。在旅游交往过程中,旅游者作为旅游文化传播者,其作用主要体现在旅游过程中,旅游者作为客源地文化的代表与目的地人群进行交往沟通。

旅游者是客源地文化的负载者,负载着自己的文化在相异的文化空间进行旅行和游览。由于旅游者大多来自经济文化相对发达的地区,相比某些经济文化发展水平较低的旅游目的地来说,旅游者所带来的文化呈相对强势,旅游目的地文化则呈相对弱势。两种不同态势的文化接触和交流时,强势文化势必对弱势文化产生更多的影响,作为强势文化代表的旅游者就在这种文化传播中起着"示范者"的作用。

目的地居民则是文化的"模仿者"。Mashieson Wall 认为:示范效应主要指当地居民对外来旅游者的行为、态度、消费方式的接纳和吸收。旅游者的语言符号如言语,非语言符号包括表情、手势、服饰、仪表等,都可能对模仿者产生示范效应。示范效应可能对当地居民个体,也可能对当地居民群体产生影响。示范效应通过一个模仿过程使某一种或某些行为从微观转向宏观,从而被放大,形成一种社会意识,对目的地的文化产生影响。

来自不同地方、具有不同文化背景的旅游者因为目的地文化的吸引,而走到一起开展旅游活动。这些旅游者在生活习惯、思维方式、价值观念、行为方式上都打上了各自地域文化的烙印,他们会集在一起有可能会发生交往,形成旅游文化人际传播。

四、旅游文化大众传播

我们把通过大众媒介传播旅游文化的过程，称为旅游文化大众传播。大众传播媒介是信息时代人们了解信息的重要渠道，所有的大众传播媒介形式都可能成为旅游文化传播的载体。大众传播媒介时时刻刻都在影响着人们的生活方式和思想观念。正如美国大众传播学者雪莉·贝尔吉所说："你最后一次没有接触媒介是什么时候？从早上你起床的那一刻，一直到晚上你上床睡觉的时候，媒介就等着和你做伴儿。"大众传播是旅游文化传播的重要工具，大众传媒不仅能促进旅游资讯传播、传递旅游目的地文化、促进旅游地和游客之间的理解和交流、对旅游活动和现象进行舆论监督，更重要的是当今的大众传媒引导者旅游文化的消费动向。

旅游的过程是消费的过程，大众媒体对旅游文化的传播实际上也是对旅游文化的消费引导过程。在大众传播中，通过传播新的旅游消费资讯和消费理念、倡导新的消费方式，对受众起着引导旅游消费的重要作用。近年来，随着大众旅游的兴起，产生了很多新的旅游形式，如农家游、自驾游、红色游等。其实，这些新的旅游形式也是在大众传媒广泛传播的基础上蓬勃发展起来的。

五、旅游文化国际传播

旅游文化国际传播又称旅游文化跨国传播。这是经济文化全球化发展的要求，也是国内旅游国际化的大势所趋。旅游文化国际传播可以是一个国家抑或一个地区通过直接或间接的方式，利用民众、新媒体、旅游机构甚至相关企业将本土旅游特色和历史文化在世界范围内向人们展示的过程。这种传播通常以异域风情、不同的文化、迥异的生活方式和理念等特色为卖点，吸引境外游客。旅游文化跨国传播的主要作用表现在以下方面。第一，能借助国家宏观背景，营造和美化旅游接待地的国际旅游形象。通常在一国范围内由于文化的同根性，多数城市所体现出来的旅游形象虽然有所差异但细究文化本质难免有雷同之感。而旅游文化国际传播则可打破这种限制，把城市旅游形象作为国家旅游文化的具体体现，在更大范围内求得（潜在）游客对旅游形象的认同，使文化异质性更强，更能满足旅游者求新、求异、求奇等心理需求。第二，宣传本国的文化理念、意识形态、生活方式、民族特色、传统习俗，具有旅游外交的功能，可增强国与国之间的相互了解，增进友好往来。然而，国际旅游文化传播也会使一些国家不可避免地受到外来文化形式和价值观念的冲击，从而在宣传将本国城市旅游形象时会不自觉地依附文化传播强国的城市形象。例如，我国一些城市偏好将自己的旅游形象宣传口号定位"东方威尼斯""东方拉斯维加斯""东方夏威夷"等，这不仅不能突出旅游形象的独特性，而且强化的只是旅游者对威尼斯、拉斯维加斯、夏威夷等西方城市的记忆。

因此，当今的国际旅游文化传播具有以下特点：国际旅游传播是不同国家、不同种族、不同文化等之间的信息交流，有效的传播总是建立在彼此全面、正确地了解的基础上；旅游文化传播信息的流通失衡，通常旅游文化和信息输出大国往往是经济发达国家和文化媒介强国，而欠发达的贫穷弱小国家除了天灾人祸的消息，则几乎没有其他信息输出；西方媒介强国发起的以旅游文化为重要内容的文化侵略来势凶猛，而媒介不发达国家的民族文化（包括旅游文化、语言和风俗习惯等）日益受到威胁和破坏，有的甚至逐渐消融在大国旅游文化带来的文化洪流之中。

第三节　文化传播相关理论

最初对文化传播进行研究的是西方学者。随着文化传播研究的不断发展，20 世纪 40 年代，人们开始关注传播对文化发展所起到的作用以及文化是如何对社会产生影响的，具体包括影响的过程、效果和机制等。这一阶段是文化传播研究视角转变的重要时期。最具影响力的代表人物有美国的政治学家拉斯韦尔（Harold Lasswel）、社会学家拉扎斯菲尔德（Paul Lazarsfeld）、社会心理学家库尔特·莱温（Kurt Lewin）和卡尔·霍夫兰（Carl Hovlan）。

到了 20 世纪中期，传播学作为一门正式的学科出现，以美国传播学大师威尔伯.斯拉姆学者从观念的角度对文化传播中的社会文化现象做出了主观抽象的说明，强调了切实可靠的经验材料或客观数据的重要性。他们被称为"经验学派"，因为他们主张从外部因素的变量通过实践效果来得出社会文化现象的原因和客观规律。

20 世纪 60—70 年代，文化传播研究视角再一次发生转变，以英国的 G. 默多克和 P. 格尔丁等为代表的欧洲批评学派，把研究重点集中到现代媒介越来越趋向集中和垄断情况下给社会带来的后果。例如 R. 威廉斯和 S. 霍尔主张从上层建筑和意识形态的相对独立性出发来研究资本主义社会的大众文化传播。

20 世纪 70 年代以后，西方的文化传播研究开始进入成熟阶段。现象主义学派、符号相互作用论和文化主体心理学派在信息论和符号学的基础上，研究了文化传播如何在社会关系中产生和演变，以及社会心理特征对文化传播的影响。主要代表有：美国传播学家 M.E. 麦库姆斯和唐纳德·肖提出的议程设置，认为传播媒介通过对传播内容的选择可以引导和控制人们思考的内容。拉尔夫·林顿在《个人的文化基础》和《个人的文化背景》中把社会看作统一体，认为文化传播是一个社会过程，它的基础是个人的心理因素，整个文化传播是人们共同发展进步的、创造力的体现。爱德华·萨丕尔认为，社会是一个复杂的网状系统，这个系统包括了规模不同是组织单位成员，这些成员之间部分或完全了解，他们在参与过程中对文化传播注入新的血液。虽然西方国家对文化传播的研究早于中国,但是并未将其相关理论运用于旅游活动的研究中,到今天为止,西方传播学主要的传播模式主要有以下四种。

一、线性文化传播模式

该理论主要由美国传播学创始人之一拉斯韦尔于 1948 年在一篇题为《传播在社会中的结构与功能》的论文中首次提出。该理论的核心在于它提出了构成传播过程的五种基本要素,并按照一定结构顺序将它们排列,后来人们称之为"五 W 模式"或"拉斯韦尔程式"的过程模式。这五个 W 分别是英语中五个疑问代词的第一个字母,即:Who(谁)? Say What(说些什么)? Which channel(通过什么渠道)? Whom(对谁说)? With what effect(有什么效果)? 拉斯韦尔的传播模式理论,第一次将人们每天从事却又阐释不清的传播活动明确表述为五个环节和要素构成的过程,它包含了传播者、受众、传播内容、传播渠道、传播效果五个传播要素。拉斯韦尔模式理论被视为传播过程的线性模式研究中的经典模式,被广泛应用于各类传播学研究中,具有重要意义。5W 模式在传播学史上第一次简洁、直观地分解了传播的过程,反映了传播过程的基本面貌,构筑了传播学大厦的蓝图。

二、控制论的文化传播模式

控制论主要代表有美国的奥斯古德,他在 1954 年提出了传播双行为模式。奥古斯德认为:"每一个合适的信息传播模式至少要包括两个传播单位,一个是来源单位,一个是目的地单位。"连接两个单位的是信息。在传播活动中,每个人既是发送者又是接收者,即编码和译码都具有双重行为。这一传播模式突出了文化信息传播过程的循环性。它包含了这样一种观点:信息会产生反馈,并为传播双方所共享。从宏观上看,这种累积性的循环传播模式造就了人类文明和文化的更新,从微观上看,不论是组织还是个人都要在传播过程中自觉地、不断地推陈出新。

三、两级传播理论

两级传播理论产生于美国传播学家拉扎斯菲尔德在"人民的选择"中提出的一种理论假设。两级传播理论认为,大众文化和信息的传播不是直接流向一般受众的,而是要经过"意见领袖"的中介,即文化信息的大众传播—意见领袖—一般受众。该理论的目的在于揭示传播过程中的人际影响和人际制约关系,主要强调了文化传播对微观个体的影响。

四、议程设置模式

议程设置理论最早由美国传播学家M.E.麦库姆斯和唐纳德·肖在1972年提出。该理论认为传统传播环境下，受众生活在一个媒介制造的拟态世界中。大众媒介以自己的利益取向、价值观选取议题，并以此决定议题的重要程度，进而影响甚至决定这些议题在受众心目中的重要程度。这一理论的应用功能主要有：建立共识，实现对话；提高责任，引导舆论；构造事件，吸引眼球。其主要强调了文化传播对宏观社会的影响。

第十二章 旅游对北京文化传播的模型构建

第一节 模型引入

　　旅游目的地在通过市场调研、准确定位、确立文化形象定位之后，就需要将目的地文化形象的相关文化信息通过某些渠道或媒介传达到目标受众或目标市场，对旅游者形成一定的吸引，这一过程即为传播，传播就是进行信息传递与共享。1948年，美国政治学家拉斯韦尔在其论文《传播在社会中的结构与功能》中，提出了人类的传播活动是由：谁——说了什么——通过什么渠道——对谁说——取得什么效果五要素组成，"拉斯韦尔模型"说明了传播学的基本框架，概括了传播过程中传播者、信息、媒介、受传者、传播效果，即传播学的五大研究领域，分别为控制分析、内容分析、媒介分析、受众分析和效果分析。

　　旅游目的地文化形象传播，是指旅游目的地将旅游地的极具代表性的文化要素提炼、凝结，通过旅游目的地营销，借助各种媒介、渠道，传达给目标受众，即现实或潜在的旅游者，使其了解和信任旅游地，并产生现实的旅游观光需求，最终实现将潜在旅游者转化为现实旅游者的目的。针对旅游对目的地文化传播的影响来讲，不只是目的地做的营销工作产生传播效果，一些现实旅游者通过新媒体传播媒介或是口碑传播也可以传播目的地文化，在分析时，这部分举足轻重。

　　本书根据"拉斯韦尔模型"提取出旅游目的地文化形象传播分析的五大要素，即传播者、传播内容、传播媒介、传播对象、传播效果，根据五大要素间的相互作用关系初步提炼出了旅游对北京文化传播的传播模型（见图12-1）——旅游目的地根据旅游吸引物对目标群体进行营销，对营销有知觉的受众变成潜在旅游者，无知觉的受众变成惰性旅游者。潜在旅游者中的一部分经过各种决策、信息查询等工作变成了现实旅游者，现实旅游者参观旅游吸引物，产生一系列印象，通过传播媒介或是口碑传播反馈给未成行的潜在旅游者以及惰性旅游者。此时，惰性旅游者可能会被现实旅游者的二次传播激活，变成潜在旅游者，现实旅游者将传播内容反馈给潜在旅游者，又加速了部分潜在旅游者向现实旅游者的转化，从而使得更多的人去参观旅游吸引物，传播北京文化，形成良性循环。

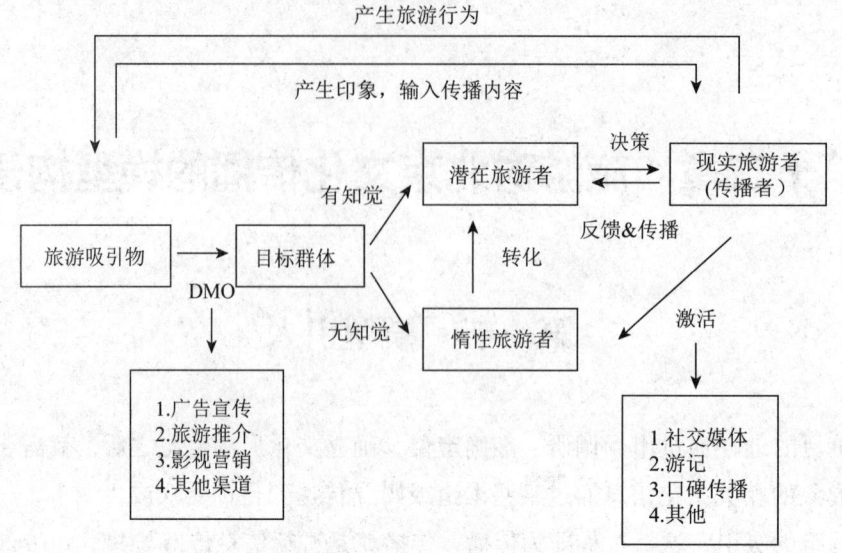

图 12-1 旅游对文化传播的影响模型

一、传播者

传播者是传播活动的发起人,决定着传播内容,包括传播内容的流向、流量、数量、质量等。传播者既可以是个人,也可以是组织或群体。

二、传播内容

目的地物质文化形象、精神文化形象及行为文化形象构成旅游目的地文化形象,而根据目的地文化形象传播的概念,传播内容是指目的地文化形象三部分各自的构成要素,即物质文化要素、精神文化要素及行为文化要素,且是旅游目的地将旅游地的极具代表性的文化要素提炼、凝结,并将这些代表性的文化要素符号化后以信息的方式通过各种手段、媒介传播出去。因此,传播内容受到代表性文化控制,与代表性文化选择的标准有极强的相关性。

三、传播媒介

传播媒介即旅游目的地文化形象的传播渠道,是旅游目的地文化形象信息的物质载体,是旅游文化形象传播者和受众建立联系的中介因素。任何传播都离不开媒介,旅游目的地文化形象的传播媒介是旅游目的地文化传播的基本要素。文化形象传播媒介是旅游目的地文化形象的文化要素表现及发布必须考虑的重要因素,媒介对旅游目的地文化形象的形成有很大影响。由于不同的媒介在传达文化信息时会展现不同的形式,有不同程度的突显和不同的目标受众,且对文化信息的表现方式和张显力度也会不同，就会对旅游目的地文化形象产生不同的影响。传播媒介选择是否恰当，会直接影响到旅游目的地文化形象的传播效果。旅游形象信息的传播借助的媒介大致可以分为大众传播媒介、人际传播媒介、实物传播媒介、户外传播媒介等四大类。

四、传播对象

旅游目的地文化形象传播的目标受众是旅游目的地各种文化要素信息的接收者，是构成旅游目的地文化形象传播行为不可或缺的因素。

旅游目的地文化形象传播的受众不是泛泛的社会大众，而是目标传播范围（即目标客源市场）内的目标受众（目标旅游消费者）。旅游目的地营销是旅游文化形象的传播最终目的，因此，在确定旅游目的地文化形象传播的受众时，应首先确定目标市场范围，明确目标客源市场，并且将其范围内的目标旅游消费者确定为旅游文化形象传播对象。在确定旅游目的地文化形象的传播目标受众时，除了分析旅游消费者消费能力、消费偏好和信息接收习惯等情况外，还要分析目标受众携带的文化属性、受教育程度、语言等相关文化要素。只有明确旅游目的地文化形象的传播对象，并把握其特性，才能做到运用正确的传播策略，争取良好的传播效果。

五、传播效果

传播效果是指信息在经过各种渠道传播之后在受众的认知、情感、行为上产生了什么样的影响和作用。在旅游目的地文化形象的传播过程中，传播效果是指目标受众对目的地文化形象感知的结果，文化要素通过媒介的传播后，潜在旅游者是否会形成对目的地文化形象的感知，又是否会在这个感知形象的作用下成为现实旅游者。

第二节 旅游对文化传播影响的传播机制分析

旅游目的地文化形象传播机制就是解决旅游目的地文化形象如何传播的问题，它是在目的地文化要素信息广泛流动的基础上产生的。目的地文化形象传播的各个要素有机地衔接在一起，形成旅游目的地文化信息合理流通的渠道。旅游目的地文化形象传播机制的准确分析，对基于传播过程的文化形象分析及传播策略的制定都有重要意义。而物质文化形象、精神文化形象和行为文化形象在整个传播过程中都有各自的特殊性。

一、目的地文化形象传播机制分析

人类的传播类型可以分为大众传播、人际传播、组织传播、自我传播、群体传播。

在旅游目的地文化形象传播的过程中，主要是通过大众传播（特定的社会集团通过文字、电波、电影等大众传播媒介，以图像、符号等形式，向不特定的多数人表达和传递信息的过程）、自我传播（个人自己向自己发出信息，并由自己接收和处理信息的过程）及人际传播（人们之间传递或交换知识、意见、感情、愿望等社会行为）这三种传播方式相互作用完成整个传播过程。旅游目的地是作为人类生存区域而存在的，经过人类的改造，形成一定的文化形象，因此，旅游目的地的文化形象是客观存在的。同时，在成为旅游目的地的开发过程中，由政府或开发企业主导，产生以目的地当地文化为基底的旅游目的地文化形象的设计与策划，客观上形成旅游目的地文化形象。

（一）大众传播阶段——媒介呈现文化形象

在旅游目的地文化形象确立以后，当地各级政府、旅游管理部门、旅游企业经营者作为此阶段的传播者，将目的地物质文化要素、精神文化要素及行为文化要素符号化（如文字、语言、图片、影像等），通过大众传播的媒介（报纸、杂志、广播、电视、网络等）来与目标群体，通过对营销活动有无知觉，目标群体又分化为潜在旅游者和惰性旅游者，其中潜在旅游者作为最佳受众，是当地各级政府、旅游管理部门、旅游企业经营者的重点传播对象，并根据不同类型的潜在旅游者采用相应的传播媒介及传播策略。

（二）一次自我传播阶段——旅游者认知文化形象

潜在旅游者在接收到关于目的地的文化信息后，会进行思考，开始通过选择、解码、判断、决定、编码等思考过程，在所受教育、文化背景、生活环境等差异的作用下，潜在旅游者形成关于旅游目的地的一个初步文化形象。潜在旅游者所形成这个关于旅游地的文化形象并不一定就与旅游地所期望传播出的文化形象相符，因为旅游者对旅游地的形象认识存在着一个感知的过程。在这一过程之后，一部分潜在旅游者产生强烈的旅游需求时，会成为现实旅游者。

（三）二次自我传播阶段——旅游者认知文化形象

旅游者经过实地旅游，会有亲身的文化体验。通过游览、参观旅游地的自然景观、人文景观，与目的地居民接触，进一步了解到旅游地的物质文化要素、精神文化要素及行为文化要素。而旅游者在进行旅游行为时，同时也是对旅游地各种文化信息的捕捉、接收、处理的过程，即二次自我传播过程，其中旅游者既是自我传播中的传播者又是受众；且旅游者在进行二次自我传播的过程中，有来自自身以外的介入性传播。这一介入性传播是与二次自我传播同时进行的传播行为，当地居民及旅游服务者通过与旅游者的接触、沟通，将当地的民俗民风、人民素质、服务态度等精神、行为形态进一步展现给旅游者，这会使旅游者对目的地文化形象的形成有重要的影响。这两种传播类型的相互作用过程就是现实旅游者关于旅游目的地文化形象的形成过程。

（四）人际传播阶段——旅游者认知文化形象

旅游者在一个旅游行为结束并回到出发地后，在一段时间内回想和评价目的地的文化形象，出现喜欢与不喜欢的心理感受，并作为传播者会将带来这种感受的目的地文化形象通过人际传播的方式传播出去，这一阶段的主要受众是旅游者身边的亲朋好友，而一般情况下，人们对自己身边的亲朋好友都有着极高的信任感，因此，这样的人际传播对其他潜在旅游者会产生很大的影响，结合他们在日常生活中通过大众传播及自我传播已经形成的关于目的地文化形象，会让这些潜在旅游者最终形成关于旅游目的地的文化形象，并作用于这些潜在旅游者未来的旅游决策。其中旅游者作为传播者的传播方式有两种形式：一种是面对面的直接交流，如旅游者在与亲人朋友见面后，将自己的感受、印象用语言的方式传播出去；另一种是依赖一定媒介的交流，特别是现在发达的网络及通信设备为旅游者的际传播开拓了更为广阔的范围，如越来越多的旅游者通过微信朋友圈、微博、贴吧等网络平台将自己对目的地的文化形象通过语言、文字、图片、影像等形式传播出去。

二、文化形象传播机制中的特殊性

在旅游目的地文化形象的传播机制中，物质文化形象、精神文化形象和行为文化形象因其各自传播过程的差异，各自有在目的地文化形象传播机制中的特殊性。

（一）物质文化形象传播机制中的特殊性

物质文化形象传播机制的特殊性主要是由物质文化形象的构成要素决定的，物质文化形象的构成是一个物化系统，可以看得到、摸得着、听得见。特别是目的地极具代表性的物质文化要素，如北京故宫、上海东方明珠电视塔等，在大众传播阶段，由于物质文化的客观实在性，符号化的过程中，形式更为多样，如潜在旅游者可以通过电视、电影、网络等可视化的大众媒介对旅游目的地的物质文化形象有所了解，通过大众媒介接触到这些更为鲜明、更为直接的关于目的地物质文化形象的符号信息，头脑中就会形成较为鲜明的物质文化的原生形象。如提到万里长城，潜在旅游者首先就会在脑中闪现在巍峨的八达岭上绵延无尽的高大城墙及固若金汤的烽火台。旅游者在到达目的地后，亲眼看到这个物化系统后，旅游者对物质文化形象会产生一个更为明确的认知。而当旅游者在返回出发地时，通常会将在目的地拍摄的照片、录像，目的地的一些美食及能够代表目的地物质文化形象的一些小物件带回，自己留作纪念及赠送周围的亲朋好友，而这些亲朋好友作为潜在旅游者，会在大众媒介传播基础上形成的关于目的地物质文化形象的基础上，累加人际传播的效果。

（二）精神文化形象传播机制中的特殊性

旅游目的地精神文化主要包括旅游目的地所呈现出的价值观念、思维方式、审美趣味、民族情结等文化因素，具有一定的抽象性及相对独立性，因此，在大众传播阶段，符号化的形势较为单一，主要是文字、语言等，且这些精神文化主要是以观念形态展现出来，使得潜在旅游者对目的地精神文化的感知多为表层，较难达到更深的层次。由于精神文化要素是旅游地文化最核心的部分，是目的地居民在长期发展过程中形成的，它的系统、结构复杂，表现形式多样，现实旅游者在与这些文化因素的表现主体旅游目的地的居民接触时间短，更多的只能认知到目的地最为鲜明和突出的精神文化要素。

（三）行为文化形象传播机制中的特殊性

行为文化形象在传播机制中的特殊性主要是由目的地行为文化形象的构成要素决定的。旅游地的行为文化是通过一定的主体行为体现出来的。在大众传播阶段，主要是将目的地行为文化的构成要素符号化，由于行为文化的不可视化，符号化的主要形式为文字，相对于图片、影像等形式，缺乏更为形象、鲜明的方式，对潜在旅游者的影响较为有限。行为文化形象构成主要为：一是旅游目的地当地人们在社会实践中约定俗成的方式构成的行为规范的总和，是无形的、非物质的、自律的和不带任何强制性的；另一部分是在旅游活动中的各种社会规范和约定俗成的习惯，如旅游法规、旅游企业的管理制度、旅游服务人员的行为规范等。这些构成要素决定着，要想对目的地行为文化形象有更深入的了解，首先要参与目的地的旅游活动，才有可能接触到当地的百姓、旅游企业及旅游服务人员，即必须要由潜在旅游者变为现实旅游者，完成二次的自我传播过程，才能更好地感知相应的目的地行为文化形象。

第三节　旅游对北京文化传播影响模型分析

在模型中，旅游目的地根据旅游吸引物对目标群体进行营销，对营销有知觉的受众变成潜在旅游者，无知觉的受众变成惰性旅游者。潜在旅游者中的一部分经过各种决策、信息查询等工作变成了现实旅游者，现实旅游者参观旅游吸引物，产生一系列印象，通过传播媒介或是口碑传播反馈给未成行的潜在旅游者以及惰性旅游者。此时，惰性旅游者可能会被现实旅游者的人际传播激活，变成潜在旅游者，现实旅游者将传播内容反馈给潜在旅游者，又加速了部分潜在旅游者向现实旅游者的转化，从而使得更多的人去参观旅游吸引物,形成良性循环。

就北京来讲,北京拥有故宫、长城等世界等级的优质旅游资源,通过北京市的外交营销、影视营销、活动营销等营销活动使得其他国家的一部分人知道北京,产生想要了解北京的欲望,这就分出了目标群体中的潜在旅游者。但是在访谈中可以知道,部分国家的许多人,对于新事物采取一种不了解不亲近的拒绝态度,加上一些客观原因,产生了对目的地营销并无知觉的惰性旅游者,这部分旅游者对北京的营销没有反应,并不能产生"想来北京看看"这种想法,所以北京的旅游目的地营销主要针对的人群是目标人群中对于营销活动有知觉有反应的潜在旅游者。潜在旅游者经过选择、解码、判断、决定、编码等思考过程产生了最终决策转变成为现实旅游者,这部分旅游者来到北京近距离体验之前只是存在印象中的北京。在参观的过程中,现实旅游者会亲身感受到名胜古迹的魅力,感受到北京独特的风土人情,感受到北京不同于他们国家的异域文化,在不断地刺激现实旅游者的视觉、触觉、心理等知觉的情况下,现实旅游者会对北京文化产生新的印象,这个印象可以能符合来之前对于北京文化的感知,也可能悖于之前对于北京文化的印象,但是不管怎样,在参观的过程中,现实旅游者已经做好了进行人际传播前的准备,完成了自我传播。

在回国后,现实旅游者(传播者)会通过一系列社交软件去展示此次北京之行的照片、视频、感想、感受,此时人际传播的过程已经不是北京旅游营销者可以控制的了,在现实旅游者的自我传播过程结束后,北京通过完善旅游设施等手段对现实旅游者施加影响也不再发挥作用。除了通过社交软件进行传播外,人们还会对自己的亲朋好友进行面对面的交流、讲述,开始口碑传播过程,这样的人际传播会对其他潜在旅游者以及惰性旅游者产生很大的影响,结合他们在日常生活中通过大众传播及自我传播已经形成的关于目的地文化形象,会让这些潜在旅游者最终形成、惰性旅游者开始形成关于旅游目的地的文化形象,并作用于这些潜在旅游者未来的旅游决策,加速这部分潜在旅游者向现实旅游者转化,惰性旅游者向潜在旅游者转化,接着开始新一轮的循环。

从这个过程可以看出,旅游目的地文化形象的传播存在着两级甚至是多级的传播,因此,旅游目的地文化形象的传播者不仅包括旅游地文化要素的源头传播者(目的地营销),也包括那些在接收到目的地文化要素后形成文化形象的二级传播者(旅游者),即旅游者将目的地文化形象传播给其他人。两级或多级的传播,使文化信息经过几次的编码、解码信息加工,其中每一次文化信息加工都会影响旅游目的地的文化形象。所以传播者、传播内容在传播过程中都起着极为重要的作用。在互联网时代,受众在接受传播后,有意识无意识地都会成为某种意义上的传播者,即旅游者也可能会成为旅游目的地形象的传播者。相关研究表明,他人经验是人们获得旅游目的地形象的途径之一,大部分的被调研游客指出其旅游信息来自亲友。在传播内容的选择上,传播者必须做出决定，进行文化要素的选择，被选择的文化要素会得到集中传播，取得更好的传播效果，所以，北京要加大完善基础设施的力度，精准定位北京的文化形象，从源头上影响传播者对文化要素的选择。

但是，当传播主体为二级传播者（旅游者）时，由于旅游者的个别差异性，对旅游地文化形象的感知存在差异，此时的传播内容具有较大的不确定性，所以北京文化传播工作不能只依靠旅游者的人际传播，在进行源头传播，即旅游目的地营销时，北京就要树立良好的旅游文化形象，确定相应代表性的文化要素作为传播内容，以期取得良好的传播效果。

对于文化形象的传播来说，由于旅游文化形象的构成复杂，物质文化形象（视觉系统）、精神文化形象、行为文化形象各自构成要素的不同对媒介都有各自的要求，所以在旅游目的地文化形象传播媒介的选择上，不能将文化形象传播的理想效果的取得，寄托在某一传播方式和某一媒介上，应当对多种媒介资源进行合理配置。

首先，考虑到的是有文化需求的潜在旅游者，因为旅游者寻求文化差异，体验文化差异的过程也就是满足文化需求的过程。对于这些有文化需求的潜在旅游者，虽处于传播的终端，但在文化形象的接受上更加主动。其次，考虑到文化在旅游目的地文化形象中的重要性，对于文化传播来说，受众更倾向于接受那些与自身文化有较多契合点的文化要素信息。在目标受众的确定过程中，传播效果的好坏会直接影响到目的地的营销结果，旅游者对旅游目的地文化形象的感知受传播者、传播技巧及传播媒介等因素的影响，为了达到较好的传播效果旅游目的地形象的传播，一定要明确传播者，确定传播的文化要素能够形成较好的文化形象，充分利用各种媒介的优势，以期达到良好的传播效果。

第十三章 旅游对北京文化传播影响因素分析

第一节 传播者因素

一、传播者样本统计情况

对到北京游玩的外国游客的调查时间为 2016 年 11 月 3 日—6 日，调查地点为故宫、王府井、南锣鼓巷，共发放问卷 450 份，收回有效问卷 421 份，问卷有效率为 93.5%。

被访者人口统计学常量统计特征如表 13-1 所示，被访游客中，案例区抽样调查男女比例基本持平，如图 13-1 所示。年龄分布方面，游客中 18~60 岁的人群是来北京游玩的主要群体，如图 13-2 所示，但值得一提的是 60 岁以上的人群均占比 7.83%，国外的夕阳市场也不容忽视；学历分布方面，专业学校和本科及以上学历游客均占到 90%以上，初中及以下学历不足 5%，如图 13-3 所示，游客文化素质整体很高；月均收入分布方面，现有数据显示各个收入层次的人群百分比基本持平，如图 13-4 所示，但是值得注意的是，由于国外游客注重收入隐私，此项没有填写的人群占到了 24.7%，高于各个层次的百分比，根据发放问卷的情况以及观察，此项未填写的游客大多穿着良好、谈吐优雅、态度平和，明显受过良好教育，由此推得，入境游客的收入水平基本上处于 5000USD 以上，拥有着强大的购买力。

表 13-1 来京外国游客人口统计学常量统计特征

人口统计特征		比例
性别	男	54.87%
	女	45.13%
年龄分布	18 岁以下	1.43%
	18~30 岁	35.39%
	31~40 岁	23.52%
	41~50 岁	18.05%
	51~60 岁	13.78%
	60 岁以上	7.83%

续表

人口统计特征		比例
学历分布	初中及以下	2.14%
	高中/中专/技校	10.69%
	大学专科/本科	60.10%
	硕士及以上	27.07%
月均收入分布	1000USD 以下	11.16%
	1000~2500USD	14.49%
	2500~5000USD	14.01%
	5000~10 000USD	19.24%
	10 000USD 以上	16.40%
	没有填写	24.70%

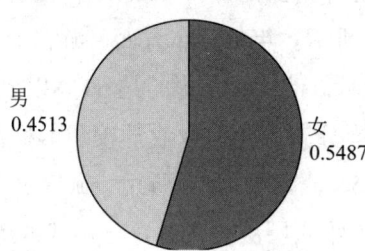

图 13-1　被访外国游客性别比例图

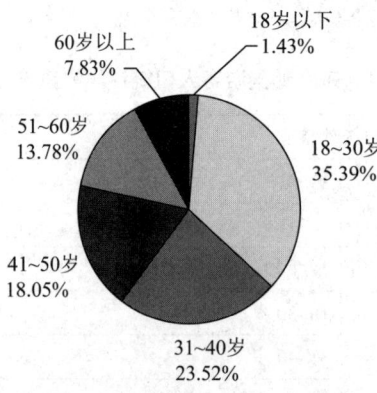

图 13-2　被访外国游客年龄分布图

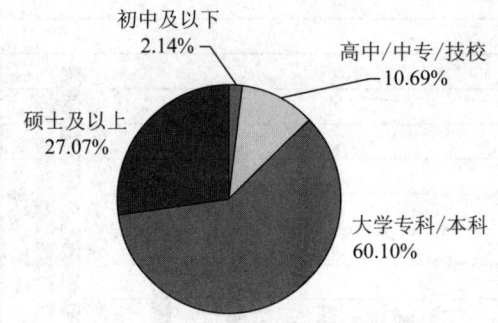

图 13-3　被访外国游客学历分布图

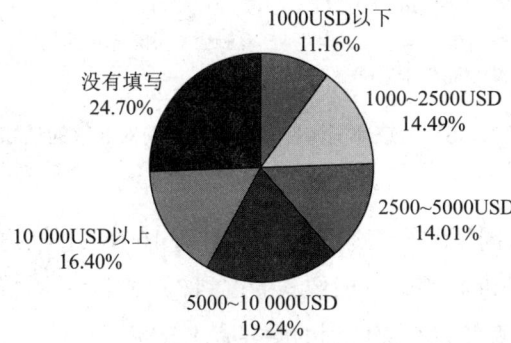

图 13-4　被访外国游客月均收入分布图

二、游客对北京文化的认知

（一）游客未到北京前对北京的总体认知

问卷就游客未到北京之前对北京的印象做了基本调查，结果如表 13-2 和图 13-5 所示。

在被访游客中，非常同意北京经济发达的游客有 22.08%，同意北京经济发达的游客比例占到 40.86%，认为北京经济一般发达的占到 23.04%，不太同意北京经济发达的游客有 12.59%，非常不同意北京经济发达的游客有 1.43%。

表 13-2　入京外国游客未到北京之前对北京的认知

对北京印象	非常不同意	不太同意	一般	同意	非常同意
经济发达	1.43%	12.59%	23.04%	40.86%	22.08%
交通便利	1.66%	7.36%	31.59%	43.23%	16.16%
东方古都	1.19%	9.26%	26.37%	40.14%	23.04%
社会主义国家首都，监管严格	1.19%	7.13%	34.2%	43.47%	14.01%
文化氛围浓厚	1.43%	9.03%	26.13%	43.71%	19.70%

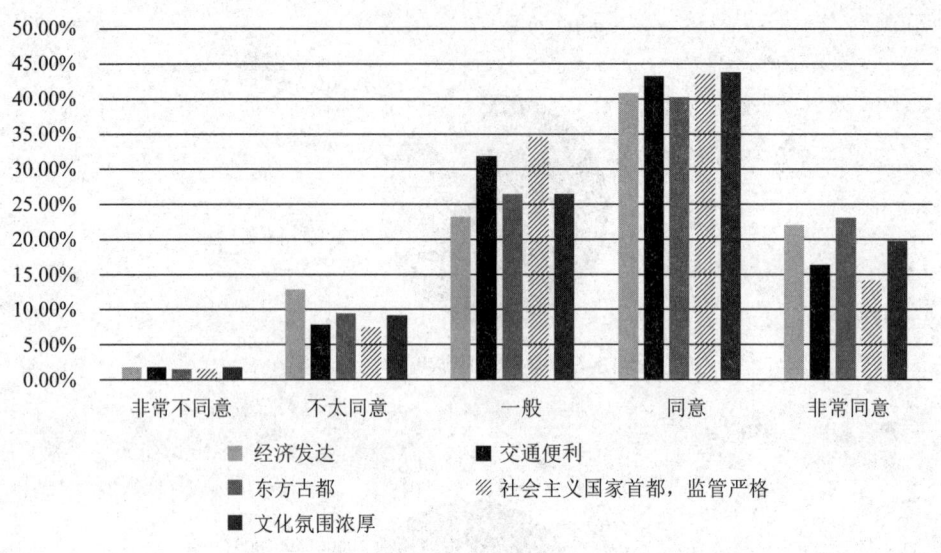

图 13-5 入京外国游客未到北京之前对北京的认知

在交通方面，非常同意北京交通便利的游客有 16.16%，同意北京交通便利的游客比例占到 43.23%，认为北京交通一般便利的占到 31.59%，不太同意北京交通便利的游客有 7.36%，非常不同意北京交通便利的游客有 1.66%。

在城市气质方面，非常同意北京具有东方古都特质的游客有 23.04%，同意北京具有东方古都特质的游客比例占到 40.14%，认为北京具有东方古都特质的占到 26.37%，不太同意北京具有东方古都特质的游客有 9.26%，非常不同意北京具有东方古都特质的游客有 1.19%。

在城市特质方面，非常同意北京具有社会主义国家特征的游客有 14.01%，同意北京具有社会主义国家特征的游客比例占到 43.47%，认为北京具有社会主义国家特征的占到 34.2%，不太同意北京具有社会主义国家特征的游客有 7.13%，非常不同意北京具有社会主义国家特征的游客有 1.19%。

在文化氛围方面，非常同意北京具有浓厚文化氛围的游客有 19.70%，同意北京具有浓厚文化氛围的游客比例占到 43.71%，认为北京具有浓厚文化氛围的占到 26.13%，不太同意北京具有浓厚文化氛围的游客有 9.03%，非常不同意北京具有浓厚文化氛围的游客有 1.43%。

从以上数据可以分析得出，在入京游客进入北京之前，对北京并没有一个明确统一的认知。对于北京的经济、交通、文化，游客表现出了各式各样的认知，基本上认为北京经济发达、交通便利、具有东方特色和浓厚的文化氛围的游客占绝大多数，但有意思的是，大多数游客也同意北京作为社会主义国家的首都，监管严格，与资本主义国家有明显区别。可以看出随着我国经济发展越来越高，在世界上地位越来越高，作为首都，北京也越来越被各国游客所知晓，但是，北京的对外形象不甚清晰，有相当一部分的外国人对北京的印象还停留在经济落后、人民穷苦的时代。结合笔者访谈情况，大多数非亚洲国家的人，对于北京还停留在一个极其表层的认识上，只是粗略地了解在世界的东方，有北京这么一个城市。对于访谈结果和调查问卷结果在对北京的认知上出现的矛盾，笔者认为有以下可能的原因：第一，访谈的体量小，范围窄，不足以说明绝大多数来京外国人对于北京的认识；第二，被调查外国游客误以为这道题是在问其来到北京之后对北京的印象，对题目的理解影响了最后的结果。

撇去这个矛盾不论，此题的结果还是能够清晰体现出北京对外营销、文化传播、形象定位等工作做得不到位，北京的知名度远远没有达到我们想象的地步，一些欧洲的发达国家、受过高等教育的人对北京的了解也仅限于它是中国的首都，这里有长城。

（二）到北京之后对北京的总体认知

相对应于调查入京外国游客未到北京之前对于北京的印象，问卷还设置了外国游客到北京之后对北京的总体认知。为了得到更为全面的信息，问卷采用了文本填空的形式，包括外国游客来到北京之后对北京经济、文化、交通、环境的认识。最后的结果大致呈现出三个方面：一是对北京的夸赞，二是对北京的负面情绪，三是来京时间太短，无法做出评价。笔者就正负两方面尽量各选择十个出现频率最高的同义词，整理后，如表 13-3 所示。

表 13-3　入境外国游客来到北京后对北京的认知

项目	正面表述	负面表述
经济	developed	booming growth problems
	strong	a mix of poor and rich
	fast growing	too commercial
	excellent	strong, but difference between rich and poor.
	very fast	good, except not for poor people
	very amazing	undevelopment
	good	lessdeveloped
	modern	not as developed as I thought
	vibrant, multi-faceted	—
	advanced	—

续表

项目	正面表述	负面表述
交通	very congested	bad
	best subway worldwide	busy
	good	crowded
	feasible	traffic jam
	convenient	chaos
	—	heavy
	—	terrible
	—	dangerous
文化	beautiful, interesting	—
	tradinational and new	—
	Interesting	—
	traditional	—
	ancient	—
	good	—
	more westerned than I thought	—
	cool	—
	different	—
环境	very nice environment	high pollution
	OK	Foxic, unhealthy
	clean	dirty smog
	clean place/parks	bad air
	—	very bad
	—	at times full of smog
	—	AQI
	—	air problem

从问卷结果中可以明显看出，在经济方面赞扬北京经济发展迅速、经济发展水平高的游客占绝大多数，也有一部分游客认为北京经济发展贫富不均；在交通方面，比较明显地感觉出大部分外国游客对北京交通的拥堵以及无序有很大的意见，仅有的一些正面用词诸如"方便"也是针对北京的地铁系统做出的评价；比较让人瞩目的是针

对文化的调查结果,没有一个人有负面评价,表明北京文化对于外国游客非常具有吸引力;在环境方面,绝大多数外国游客都提到了北京的雾霾很严重,少数人给出了正面评价也是针对城市建设的整洁做出的。

这样的结果说明很多问题。北京交通拥堵,给大部分经济没有如此发达的国家的入京游客留下了不太好的印象,有时候行人过马路不遵守红绿灯制度或是遇到车不让人的情形,外国游客对北京也会留下不好的印象。但是,大部分人也都表示北京的地铁方便快捷而且换乘方便,在一定程度上弥补了地面交通给外国游客留下的不良印象,在之后的旅游工作中,北京应当进一步增多地铁中的英文标识,设立多语种地铁服务站,同时加强地面交通的整顿工作;在环境方面,雾霾非一城之力可治,也不是短时间内可以治理成功的环境问题,所以在这个问题上,北京不应该回避,在面向国外游客的新媒体上,主动发布雾霾指数,提供防霾技巧,让外国游客看到北京为治理雾霾做出的努力,以诚恳之姿对待发展之过,反倒有正面的效果;在文化方面,提炼北京具有代表性的文化,加大对主打文化的营销力度,主动提供北京旅游的信息,推荐主题文化旅游线路,除了长城、故宫之外,宣传北京的胡同文化、皇城文化、建筑文化等精品文化,使北京对于外国游客产生持续的吸引力。

(三)入京游客对京主要景点的认知程度

问卷对入京外国游客知道哪些北京景点做了调查。期望可以通过此题侧面反映出北京在外国游客心中的文化形象,也可以佐证北京前期目的地营销工作的效果,为北京下一阶段的营销工作提供借鉴。

从问卷结果(见表13-4和图13-6)中可以看出,长城在外国人群体中占有极高的熟知率,绝大部分人都听过北京有长城景观,此类人群占比91.21%;紧随其后的是故宫博物院,知道该景区的人群占被调查游客的88.36%(值得一提的是,在发问卷的过程中,我们发现,部分人并不知道故宫博物院就是紫禁城,而且大多数人都是冲着"紫禁城"来到故宫的。这个小发现也可以反映出,故宫在营销工作做得十分出色的情况下,仍然有需要注意的细节);在被外国人熟知的景点(区)中,排在第三名的是颐和园,占比39.67%;第四名是天坛30.88%;接着是雍和宫,位列第五位,占比15.44%。此外,外国游客还提供了问卷上没有给出的选项,在"其他知道的景点"选项中,被访游客还提到了天安门广场(Tiananmen Square)、秀水街(silk street)、毛主席纪念馆(Chairman MAO memorial hall)、奥林匹克体育场(olimpic studium)、明清十三陵(ming tomb)、阴阳(Yin Yang)(笔者推测,被访游客可能是想说以太极文化为代表的阴阳中庸文化)。

表13-4 入京外国游客所知道的北京的景点（区）

你知道的景点（区）	占比
紫禁城（故宫博物院）The Forbidden City	88.36%
长城 The Great Wall	91.21%
颐和园 The Summer Palace	39.67%
香山 Xiangshan	3.8%
天坛 The temple of heaven	30.88%
地坛 Ditan	4.04%
南锣鼓巷 Nan Luo Gu Xiang	5.7%
西单 Xidan	4.51%
国贸 International trade	4.99%
三里屯 Sanlitun	9.26%
人民大会堂 The great hall of the people	10.93%
国家博物馆 The national museum	14.25%
前门 The front door	4.75%
后海 Houhai	4.75%
大栅栏 Dashilan	3.33%
雍和宫 The lama temple	15.44%
簋街 GUI jie street	3.33%
其他知道的景点 other scenic you know	4.04%

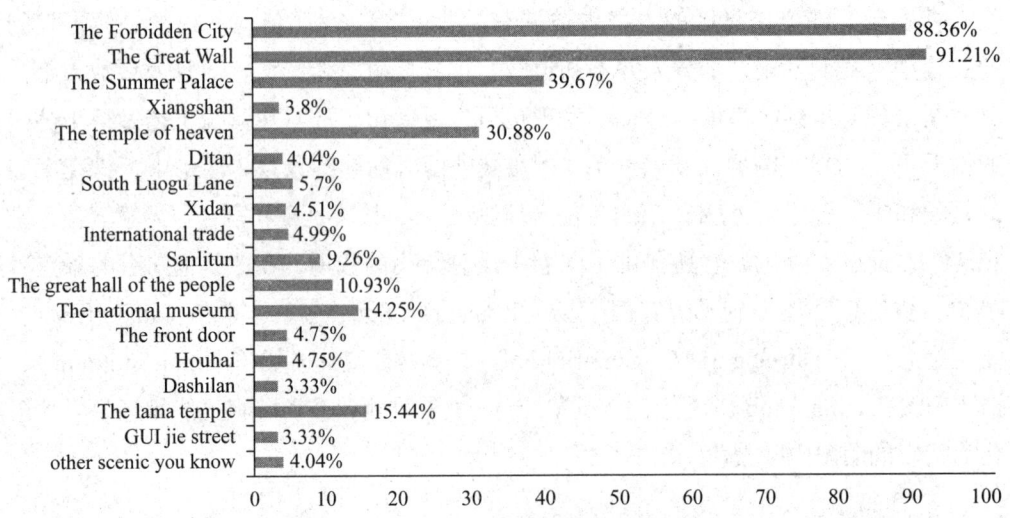

图13-6 入京外国游客所知道的北京的景点（区）条形图

可以发现，前五名知名度高的景点（区）都是老北京文化以及皇城文化的代表，且知道第三名颐和园的人数远远少于知道故宫的人数。由此可以推算，在北京对外的目的地营销中，大部分资源都倾注在了长城和故宫这两个景区上，虽然北京作为一个国际化大都市，文化非常具有包容性，但是北京在外国人心中主要的形象还是古都的形象，吸引他们到北京来的主要是老北京文化。这对之后北京的目的地营销工作有着重要的指导作用，在北京的自我定位中，要坚持老北京、东方古都等形象定位，持续输出对于外国游客来说具有异域风情的东方文化，保持持续的吸引力。

文化难以被直接测量，我们通过具象的景点（区）以及它们被游客的接受程度去推测在入京外国游客心中的北京形象，从而推出北京文化。问卷调查了入京外国游客认为能够最代表北京形象的景点，觉得长城可以代表北京形象的占总被访游客的73.87%，觉得故宫可以代表北京形象的占 68.88%，觉得颐和园可以代表北京形象的占 10.93%，笔者给出的其余景点均占比不到 3%，如表 13-5 所示。此外，在"其他你认为可以代表北京形象的景点（区）"选项中，有游客给出了天安门广场（Tiananmen Square）以及所有给出选项均可代表北京形象的回答。

表 13-5　入京外国游客认为能够代表北京形象的景点（区）

你觉得能代表北京形象的景点	占比
紫禁城（故宫博物院）The Forbidden City	68.88%
长城 The Great Wall	73.87%
颐和园 The Summer Palace	10.93%
香山 Xiangshan	1.9%
天坛 The temple of heaven	4.99%
地坛 Ditan	0.71%
南锣鼓巷 Nan Luo Gu Xiang	0.48%
西单 Xidan	0.95%
国贸 International trade	0.95%
三里屯 Sanlitun	2.38%
人民大会堂 The great hall of the people	0.71%
国家博物馆 The national museum	1.19%
前门 The front door	0.95%
后海 Houhai	1.19%
大栅栏 Dashilan	0.24%
雍和宫 The lama temple	2.38%
簋街 GUI jie street	0.24%
其他知道的景点 other scenic you know	0.95%

由此数据可以看出,外国人心中的北京文化更多的是皇城文化、东方文化、老北京文化,相较北京的现代文化和自然风景,对外国游客产生持续吸引力的是充满着历史感的名胜古迹。值得一提的是,在发放问卷的过程中,无论是来自欧洲等发达国家的游客,还是本身国家并不发达的西亚、中东地区的游客,对北京所代表的东方文化都特别感兴趣,不少来自不发达国家的游客对待北京日新月异的发展只是表示惊叹,但是目光还是被古老而神秘的东方文化所吸引,对待快速发展的现代文化并没有表现出很强的趋向性。笔者分析,可能是因为有实力来到北京出境游的游客,在自己的国家收入也处于中上层,眼界相对一般民众要更开阔一些,所以他们没有表现出对北京现代文化的过度推崇。

另外,在发放问卷的过程中还发现,很多人来北京的第一站就会选择故宫。因为发放问卷的故宫分队发现,在回答此题时,很多被访游客表示,今天是第一天到北京,并不太清楚北京有哪些景点,所以在选择此题答案时,除了知道的长城和故宫外,很多游客只是看名字来选择他心中认为的能够代表北京形象的景点(区)。这在一定程度上也导致了最后的数据呈现有一些不准确,但经过访谈修正,笔者发现,虽然数据收集存在一些问题,基本上还是可以代表外国人心中北京的形象以及他们认为的典型的北京文化。

(四)对北京主要文化的理解程度

在发放问卷以及访谈的过程中,绝大多数游客都提出了并不了解北京文化这一问题。据被访者——来自西班牙的北京第二外国语学院旅游管理专业留学生 Paris 表示,他对故宫、颐和园等并不感兴趣,其原因并不是故宫不够令人震撼,而是他不了解故宫背后的历史内涵,"每次去故宫都只是去参观那里的房子,如果要是想要了解历史,就得付钱请导游,在网上查资料的话,中文的看不太懂,英文的资料又不完全,所以索性就不再去了。朋友来的话,除非他要求,否则不会主动带他去故宫,因为自己不太懂故宫,也就没办法给朋友介绍";据另外一位被访者——来自土库曼斯坦的北京第二外国语学院留学生欧拉斯表示,自己很喜欢去故宫、雍和宫等历史古迹,因为"我很了解这些景点背后的故事,我喜欢故宫的古老建筑,它已经存在几百年了还这么完美,非常吸引人,而且每次见雍和宫,结合它背后的历史渊源,我都有被治愈的感觉。至于去参观之前,我肯定会查资料,但是中文给的资料看得不是很懂,我就去找一些英文和俄文网站上关于故宫的介绍,他们的介绍是经过他们思维加工的,是以外国人的视角看故宫的,更符合我的思维习惯。"

根据以上代表着两个极端人群想法的访谈记录,可以很清晰地发现,对于北京文化的深入理解,是有助于提高北京东方文化对于外国游客的吸引力的。于是,问卷就这个问题对被访游客展开了调查,结果如表 13-6 和图 13-7 所示。

第十三章 旅游对北京文化传播影响因素分析

表 13-6 入京外国游客对北京主要文化的理解程度

选项	非常不同意	不同意	一般	同意	非常同意
I understand the history of the Forbidden City	5.84%	14.6%	28.95%	43.31%	7.3%
I know the history of the Great Wall	2.68%	12.17%	32.6%	42.58%	9.97%
I understand the history of the temple of heaven	10.46%	24.57%	34.31%	25.3%	5.36%
I know the history of the lama temple	17.3%	28.22%	27.49%	22.87%	4.12%
I know Beijing hutong on behalf of the Beijing culture	15.08%	26.76%	31.63%	24.33%	2.20%
I understand Beijing Opera	16.55%	27.74%	29.44%	22.14%	4.13%
I understand the teahouse	12.65%	24.82%	32.85%	24.57%	5.11%
I know that Beijing traditional snacks	10.71%	21.41%	34.06%	29.44%	4.38%

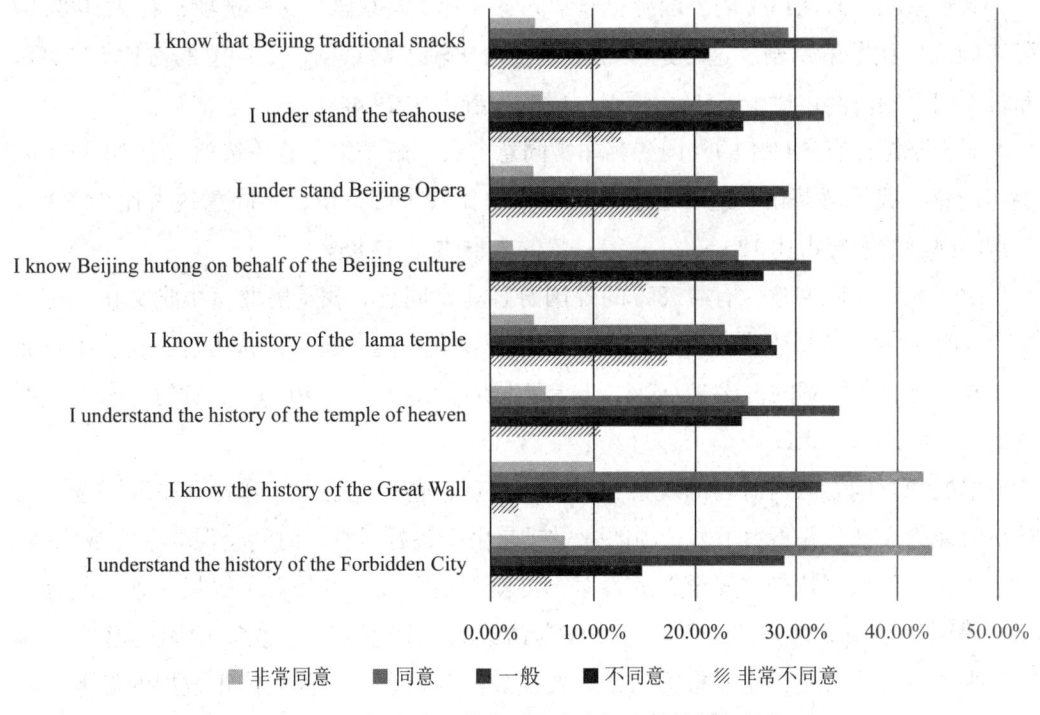

图 13-7 入京外国游客对北京主要文化的理解程度

数据结果显示，对于故宫，有 7.3% 的外国游客非常同意"我了解紫禁城的历史"这一选项，有 43.31% 的游客同意"我了解紫禁城的历史"这一选项，认为自己比较了解故宫，不同意的占比 14.6%，非常不同意的游客占比 5.84%，觉得一般的人群占比 28.95%。

对于长城，有 9.97% 的外国游客非常同意"我了解长城的历史"这一选项，有 42.58% 的游客同意"我了解长城的历史"这一选项，认为自己比较了解长城，不同意的占比 12.17%，非常不同意的游客占比 2.68%，觉得一般的人群占比 32.6%。

对于天坛，有 5.36% 的外国游客非常同意"我了解天坛的历史"这一选项，有 25.3% 的游客同意"我了解天坛的历史"这一选项，认为自己比较了解天坛，不同意的占比 24.57%，非常不同意的游客占比 10.46%，觉得一般的人群占比 34.31%。

对于雍和宫，有 4.12% 的外国游客非常同意"我了解雍和宫的历史"这一选项，有 22.87% 的游客同意"我了解雍和宫的历史"这一选项，认为自己比较了解雍和宫，不同意的占比 28.22%，非常不同意的游客占比 17.3%，觉得一般的人群占比 27.49%。

对于胡同代表的北京文化，有 2.20% 的外国游客非常同意"我了解胡同代表的北京文化"这一选项，有 24.33% 的游客同意"我了解胡同代表的北京文化"这一选项，认为自己比较了解胡同代表的北京文化，不同意的占比 26.76%，非常不同意的游客占比 15.08%，觉得一般的人群占比 31.63%。

对于京剧，有 4.13% 的外国游客非常同意"我了解京剧"这一选项，有 22.14% 的游客同意"我了解京剧"这一选项，认为自己比较了解京剧，不同意的占比 27.74%，非常不同意的游客占比 16.55%，觉得一般的人群占比 29.44%。

对于茶馆，有 5.11% 的外国游客非常同意"我了解茶馆"这一选项，有 24.57% 的游客同意"我了解茶馆"这一选项，认为自己比较了解茶馆，不同意的占比 24.82%，非常不同意的游客占比 12.65%，觉得一般的人群占比 32.85%。

对于北京小吃文化，有 4.38% 的外国游客非常同意"我了解北京小吃文化"这一选项，有 29.44% 的游客同意"我了解北京小吃文化"这一选项，认为自己比较了解北京小吃文化，不同意的占比 21.41%，非常不同意的游客占比 10.71%，觉得一般的人群占比 34.06%。

根据调查问卷时对游客的观察和提问，发现在选择此题时，选择"一般"选项的被访游客绝大部分并不太了解选项的意思或是由于答题习惯、时间仓促等主客观原因，勾选了一个看起来比较"安全"的答案，再就此追问被访者是否了解某一景点或是文化，得到的结果大多是"No"。另外根据访谈者的回答，第一次来中国的游客更偏向不太了解北京文化，所以根据访谈以及发放问卷过程中的提问修正数据的偏差，将"一般"选项归入"不同意"选项更接近事实。根据修正之后的结果，同时忽略掉被访问游客对于题目理解的深刻程度存在不同的因素，可以看出，入京外国游客对于北京文化的了解并不乐观，大多数游客并不了解面前的热门景点（区）背后的历史文化，更多是因为建筑的外形、名声以及亲友的推荐、网站的排名来参观，这种"肤浅"的参观会影响入京外国游客对于景点（区）产生更为深刻的体验，进而影响后期旅游者对北京文化的传播。

在采访过程中，被访者表示，很多景点（区）提供的英文标识讲解不够，或是很多翻译错误，翻译的内容也大多都是根据中文直接翻译过来，没有考虑到外国人不同的思维方式；对于历史感很强的景点（区），很多故事翻译得不够通俗，理解起来需要一定的文化积累，很多人不了解景点背后的故事；在网上提供的有关景点（区）的资料中，多语种程度不太高。这些因素都影响了入京外国游客对北京文化的理解，影响了北京文化的输出传播。

第二节　传播媒介因素

一、传播媒介样本统计情况

除了口碑传播之外，传播者利用新媒体技术将自己的旅游经历以及感想发到社交媒体上也是一种传播方式。为了了解入京外国游客利用社交媒体进行传播的习惯，问卷就这个问题对被访游客进行了调查。

数据显示，经常用社交软件发旅游照片的外国游客占比 45.37%，偶尔会用社交软件发照片的外国游客占比 42.04%，从来不用社交软件发旅游照片的游客占比 12.59%，如表 13-7 和图 13-8 所示。在会用社交软件发旅游照片的群体里，Facebook 的使用者占比 79.28%；Twitter 的使用者位居第二，占比 33.33%，Instagram 的受众占比 26.13%，居第三位，使用 WeChat 的入京外国游客占比 16.22%；使用 QQ 和 Weibo 的入京外国游客分别占比 2.1%；有 8.11% 的外国游客选择了 Other 选项，如表 13-8 所示。

表 13-7　入京外国游客利用社交媒体传播习惯调查表

选项	占比
经常用社交软件发旅游的照片	45.37%
偶尔会用社交软件发旅游的照片	42.04%
从来不用社交软件发旅游的照片	12.59%

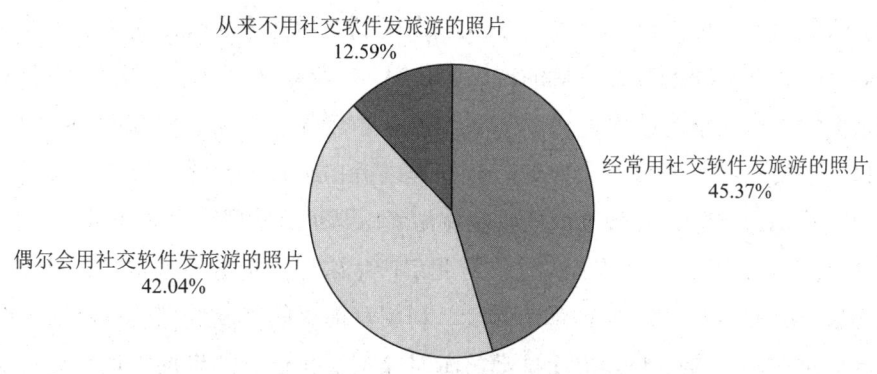

图 13-8　入京外国游客利用社交媒体传播习惯分布图

表 13-8　入京外国游客利用社交软件偏好表

选项	占比
Facebook	79.28%
Twitter	33.33%
WeChat	16.22%
QQ	2.1%
Weibo	2.1%
Instagram	26.13%
Other	8.11%

选择经常用社交软件以及偶尔用社交软件来展示旅游经历的游客占比87.41%，也说明了在互联网时代，绝大多数人都会用社交软件展示自己的生活，各种各样的社交软件是新时代下无可回避的传播媒介。

庞大的使用者基数，让北京文化的传播不能忽视旅游者的人际传播过程，用好社交媒介的影响力，不只需要北京在进行旅游目的地传播时借助科技的力量，更要求北京做好旅游基础设施建设、环境治理等工作，在传播内容上影响现实旅游者，使其对北京产生良好的印象，从而取得良好的文化传播效果。

二、旅游对北京文化传播效果分析

在经过使用社交媒体展示旅游过程以及口碑传播之后，取得的传播效果是我们关注的部分。根据调查问卷得到的数据以及访谈，我们惊喜地发现，在现实旅游者开始传播后，超过一半的受众都对北京产生了向往，甚至在访谈中，被访者还表示，有一部分之前对北京相当不感兴趣的人群，也产生了想要来北京看看的想法，这也从侧面说明，现实旅游者的传播可以使得惰性旅游者向潜在旅游者转化。

在向家人朋友展示在北京的游玩照片以及讲述在北京旅游的经历之后，"家人以及朋友很想来北京玩"的占比52.49%，家人朋友听到之后并未表现出特别想来北京意愿的占比41.81%，仍然不想来北京玩的占比2.61%，如表13-9所示。从数据中可以看出，北京的入境游客市场潜力很大，52.49%的潜在旅游者对北京有着极其高的兴趣，这时需要给这些人群一些优惠政策，比如旅行社提供折扣旅游券，北京市的入境优惠政策就可以很容易把这部分人群转变成为现实旅游者，从而开启下一轮对北京文化的传播；41.81%的人群也属于潜在旅游者，他们对北京产生浓厚兴趣的原因很多，可以在做市场调查之后，针对性投放广告等营销手段。利用营销手段以及优惠政策吸引更多的潜在旅游者向现实旅游者转变，进而推动旅游对北京文化传播的发展，加快北京文化走出去的步伐。

表 13-9　游客的传播效果调查表

选项	占比
家人朋友很想来北京玩	52.49%
一般	41.81%
他们仍然不想来北京玩	2.61%

第三节　传播内容因素

传播内容对于传播效果极其重要，假使入京外国游客将自己在北京的不满意经历向亲朋好友诉说，那么对于还未入京潜在旅游者的负面影响非常大。北京也可以从传播内容中，反推北京旅游建设、形象定位、文化定位工作的不足。

游客的传播内容调查表如表 13-10 所示。

表 13-10　游客的传播内容调查表

选项	非常不同意	不同意	一般	同意	非常同意
Beijing is very developed	1.66%	10.45%	22.33%	49.64%	15.92%
The traffic of Beijing is very convenient	7.13%	17.58%	27.79%	36.82%	10.68%
Places of historic interest in Beijing is well worth watching	1.19%	4.75%	22.09%	40.86%	31.11%
Beijing has a long history and profound cultural deposits	1.19%	4.04%	19.48%	38.48%	36.81%
The people in Beijing is very enthusiastic	4.04%	8.55%	28.5%	43.47%	15.44%
The environment in Beijing is very good	10.45%	13.06%	28.5%	35.87%	12.12%

在被访游客中，对于"北京经济非常发达"这个选项，非常不同意的人群占比 1.66%，不同意的外国游客占 10.45%，觉得一般的游客有 22.33%，同意北京经济非常发达的游客有 49.64%，非常同意此选项的游客占比 15.92%。

对于"北京交通十分便利"这个选项，非常不同意的人群占比 7.13%，不同意的外国游客占 17.58%，觉得一般的游客有 27.79%，同意北京交通十分便利的游客有 36.82%，非常同意此选项的游客占比 10.68%。

对于"北京的历史遗迹很值得看"这个选项，非常不同意的人群占比 1.19%，不同意的外国游客占 4.75%，觉得一般的游客有 22.09%，同意北京的历史遗迹很值得看的游客有 40.86%，非常同意此选项的游客占比 31.11%。

对于"北京文化氛围浓厚"这个选项，非常不同意的人群占比 1.19%，不同意的外国游客占4.04%,觉得一般的游客有19.48%,同意北京文化氛围浓厚的游客有38.48%,非常同意此选项的游客占比36.81%。

对于"北京人热情友好"这个选项,非常不同意的人群占比4.04%,不同意的外国游客占比8.55%,觉得一般的游客有28.5%,同意北京人热情友好的游客有43.47%,非常同意此选项的游客占比15.44%。

对于"北京环境很好"这个选项,非常不同意的人群占比10.45%,不同意的外国游客占比13.06%,觉得一般的游客有28.5%,同意北京环境很好的游客有35.87%,非常同意此选项的游客占比12.12%。

从数据中可以看出,入京游客对于北京的经济发展非常赞叹,在发放问卷的过程中,提到北京经济发展,绝大多数外国游客纷纷表示"Good""More than I know"等看法,但是也有游客表示,北京的贫富不均、贫富差距很大,在北京的穷人并没有得到经济发展的好处,所以在这题中选择了"不同意"或者"非常不同意";在交通方面,"不同意"与"非常不同意"的选择人群占比7.13%和17.58%,可以看出,部分游客对于北京的交通颇有微词,而同意北京交通便利的游客大多都表示了地铁很便利、地面交通拥堵的看法;在历史遗迹以及文化氛围方面,几乎没有人持反对意见,也可以看出,北京的旅游资源对于入境外国游客具有相当大的吸引力,充满东方风情的景点深深地吸引大部分来北京的外国游客;在北京人特质方面,大部分人表示北京人很好,很热情,看起来精神很饱满,但是也有相当一部分外国游客表示,会英语的北京人比较少,在交流方面存在较大的障碍,阻止了他们进一步了解北京人;在环境方面,选择"不同意"与"非常不同意"的人群激增到了13.06%和10.45%,从侧面反映了北京的雾霾确实影响入京外国游客的来京旅游体验,而觉得北京环境不错的游客,根据访谈以及调查过程中的谈话,大部分是指北京的城市环境很整洁,景区环境也比较整洁,而且因为调研期间,北京的天气并没有特别严重的雾霾,也影响了一些游客的选择。

根据以上数据,北京在接下来的旅游工作中,要着重整治交通以及环境问题,从社区层面普及常用英语,深挖旅游景区的文化内涵,并以合适的英文解释呈现给外国人,使得入京外国游客从各方面感受北京的文化,产生利于北京的印象,影响其传播内容,最终达到良好的传播效果。

第十四章 研究结论与对策建议

第一节 研究结论

基于国内外有关文化传播相关文献资料以及在北京地区热门景点的实地调研成果，本研究得出了以下五个方面的主要结论。

（1）来京外国游客入京之前对于北京的认知方面。即使在我国日益强大的今天，世界上还是有很多国家包括发达国家并不了解北京，仍然存在北京是落后愚昧的地区这种错误认知。

（2）构建文化传播的模型方面。根据"拉斯韦尔模型"抽象出了传播者、传播对象、传播手段等要素，从旅游目的地进行营销开始，尝试梳理了文化传播的过程，构建了文化传播的模型，旅游目的地根据旅游吸引物对目标群体进行营销，对营销有知觉的受众变成潜在旅游者，无知觉的受众变成惰性旅游者。潜在旅游者中的一部分经过各种决策、信息查询等工作变成了现实旅游者，现实旅游者参观旅游吸引物，产生一系列印象，通过传播媒介或是口碑传播反馈给未成行的潜在旅游者以及惰性旅游者。此时，惰性旅游者可能会被现实旅游者的二次传播激活，变成潜在旅游者，现实旅游者将传播内容反馈给潜在旅游者，又加速了部分潜在旅游者向现实旅游者的转化，从而使得更多的人去参观旅游吸引物，形成良性循环，构建出了本书的简易文化传播模型。

（3）旅游对北京文化传播实现的影响因素方面。在现实旅游者的二次传播中，传播者的一些基本特征、对于社交媒体的偏好选择，受众的特征会影响旅游对北京文化的传播。

（4）北京文化传播现存的问题方面。第一，北京形象定位模糊，北京文化的内涵也不甚清晰，许多初次来北京的人只知长城和故宫，对于北京现在的发展并不了解甚至未曾耳闻；北京旅游目的地营销力度不够大、覆盖面不够全，导致很多国家的民众不知道、不了解北京。第二，北京的旅游配套设施并不完善，存在交通拥堵、雾霾严重、接待设施不完善等问题，导致旅游者在进行口碑传播及新媒体传播时传播内容对于受众的吸引力下降。第三，我国人们使用的主要社交媒体与外国人主要使用的社交媒体并不兼容，影响了外网上有关北京文化传播内容的发酵，减弱了其影响力。

北京文化旅游与文化影响传播

（5）促进旅游对北京文化传播的相关提升建议方面。从两个大的方面给出了利用旅游来传播北京文化的提升建议。第一，从目的地营销角度来讲，主要从政府的引导、营销品牌的推广以及营销手段的选择上来提升北京的旅游目的地营销，做好源头传播工作；第二，从旅游者角度，北京要做好完善旅游基础设施的工作，整顿市场秩序，增加英文标识等；此外，还提出北京要有明确的定位，推进产品升级工作，以外国人能够理解的旅游产品内涵吸引旅游者再访北京。

第二节　对策建议

一、加强旅游目的地营销

在国际旅游竞争激烈化的时代，北京要被更多的人所了解、熟知，就要着力构筑全方位、多层次的旅游市场营销体系，强化北京城市品牌的国际营销，创新营销策略与手段，扩大北京旅游在全球的知名度与营销力，以促进入境旅游市场发展，提升北京城市入境旅游竞争力。

（一）加大政府的引导作用

北京不同于其他城市，作为首都，它有很强的政治意味，所以在北京旅游的对外营销工作中，政府的作用不可忽视。任何一个城市的对外营销都需要政府强有力的政策支持和引导，为其提供稳定、便利的政策环境，北京尤其如此。

政府出面推介北京。在政府的对外交流中，政府有意识地展示北京文化，树立北京新形象，推介北京优质旅游资源。邀请别国领导访问北京，从上至下，让更多的国家人民知道北京的存在，进而想要了解北京。

（二）强化城市入境旅游营销与品牌推广

北京应借建设世界城市和国际一流旅游城市的良机，在品牌宣传工作上与世界城市建设上全面接轨，借力借势打造、提升北京国际旅游形象和品牌。以北京旅游品牌形象的宣传与推广为基础，加强城市的整体营销力度和旅游品牌宣传，提升城市的整体知名度和美誉度。同时，要针对不同的入境旅游客源市场选择不同的形象代言人——北京旅游形象大使。

城市旅游营销与品牌推广的过程中，要充分利用政府、旅游及其相关产业界、城市公众、旅游教育培训机构和媒体等城市营销主体之间的互动网络，将政府公关、宣传广告、教育引导等多种方式加以综合利用，以求实现最大的传播效果，推动城市入境旅游竞争力的持续提升。

（三）优化营销组合，创新营销策略

1. 进行精准营销

明确目标市场，加强入境旅游市场调研，将客源进行细分，进行精准营销，增强营销的针对性和力度。在入境游客主要客源国城市和地区设立旅游办事机构，以派驻或聘请驻外专员等多种方式来吸引客源；积极开拓新兴经济体国家的客源市场。

推进海外旅游市场的多元化和定制营销，并对不同地区、国家与群体实行差异化、动态性的宣传促销。针对使馆、商会、驻华机构进行定期专场主题沙龙进行推介；针对我国驻外机构提供专门的北京资讯和北京礼物进行发放；针对国际性会展等活动进行资源双向合作与传播联动等深度参与；针对友好城市等合作城市资源举办主题推介活动；针对商会和大型企业的驻华总部，举办北京论坛等活动；举办国际级的旅游行业论坛和博览会等大型公关活动等。

2. 优化与创新营销组合方式

依托北京特色的资源、经济等各要素条件，采取不同传播策略组合的方式进行营销，采用多种营销组合策略进行北京旅游的宣传营销。

（1）活动营销。进一步推进利用国际知名体育赛事进行北京旅游营销，举办一些诸如奥运会、亚运会等有影响力的国际赛事。

（2）文化营销。依托海外东方文化传播平台营销北京入境旅游。与分布在世界各地的孔子学院等合作，开办中国文化与北京旅游相关的活动，例如，特多孔院策划的"美丽中国"摄影展上的摄影作品，不仅有中国美丽的自然风光，还有长城、大熊猫、剪纸、年味、中国功夫等标志性文化符号，以及中国人民丰富多彩的生活画面。这些展示让参观者大都产生了中国迷人的好印象，并发出"真想亲眼去看看中国"的感言。

（3）影视营销。选择与国际著名的影视公司、国际著名导演和演员以及优秀的影视作品合作，利用影视进行北京旅游营销，将北京源远流长、博大精深的文化以电视剧集的形式向全球传播。现如今，北京对其文化的挖掘力度不够，很多文化处在高语境的尴尬位置，不仅外国人理解不了，甚至本国青年都不太重视，可以借鉴韩国《来自星星的你》《大长今》等题材的电视剧，将北京的胡同文化、皇城文化等深厚的文化展现出来让全世界人们了解北京。

另外，经常邀请国际著名电影编导、摄影家、记者、旅游节目主持人等到北京考察与采风，而后通过他们的作品来传播北京旅游。邀请导演拍摄介绍北京的纪录片，尽可能向外国人传播真实、还原、符合西方语境的北京文化。

（4）新媒体营销。加强信息网络等新兴媒体营销力度，注重发挥信息网络等新兴媒体的作用，进行有效的立体化的宣传，以吸引更多的外国游客。一方面，北京市旅

游委与谷歌、Facebook、Youtube、Twitter 以及国际知名门户网站合作，在 Facebook、Twitter、Llinkedin 等海外社交媒体上设立官方主页，并增加活跃度，吸引外国人关注。适时适量向入境旅游主要客源地居民发放免费的旅游消费券，提供来华旅游相关信息，并建设网络互动社区，供旅游者谈论、分享旅游攻略。另一方面，充分利用日益成为社会主流人群重点关注的媒体——微博、微信，进行"微营销"。利用北京旅游的官方、国际知名人士以及忠诚度高的粉丝的微博，适时适度发布关于北京旅游的经典语录、景区排行榜、旅游趣味图片、视频等具有网络流行元素的话题，以吸引更多外国游客参与。

利用好各国的搜索引擎。搜索引擎是旅游者获取旅游信息从而制订旅游计划的重要信息渠道。而各国的主要搜索引擎各有所差别，例如，欧美及亚洲多个国家以谷歌为主要引擎，韩国为 Naver，日本为雅虎，中国为百度。对各国主要搜索引擎进行把握，从而有针对性地投放关键词，引向旅游产品预订界面等具有重要意义。利用好旅游的垂直门户网站，统计的旅游用户最关注的全球前十大网站中，北京旅游资源的展现还有限。例如，在 booking 网站的景点评选界面所罗列的 99 个景点中，北京抱憾与之失之交臂。这些网站都可以成为北京旅游营销的重要平台。

（5）与世界组织开展联合营销。加强与主要客源国政府及如世界旅游组织（UNWTO）、世界旅行旅游理事会（WTTC）、世界旅行社协会（WATA）、世界旅游协会（IAT）等国际旅游组织的友好合作，为开展各项营销活动开辟良好的环境；加强与境外旅行商合作，设置绿色通道计划，形成增值服务；同时与国际知名品牌企业合作，借助品牌优势实行强强联合，形成品牌叠加效应。利用好首都国际机场、南苑机场等门户机场，加大与这些机场的合作力度，充分利用好"国门"的宣传效应，对外树立良好的国际形象，并逐步扩大合作领域，实现首都国际机场与北京入境旅游的发展相互促进和共同提升。

二、重视游客传播作用

人对于亲友等具有极高的信赖程度，旅游者在结束旅游之后将愉快的旅游心得分享给家人朋友所取得的营销效果比旅游目的地采取多种手段进行的营销取得的效果要好得多，所以，在今后的北京文化传播工作中，要重视旅游者的二次传播。

旅游者的传播内容受到很多因素的影响，比如旅游目的地的环境、经济发展程度、交通便利与否等，所以要占领旅游者二次传播的高地，就要回过头来将北京的旅游环境、基础设施打造好。

（一）完善北京旅游环境

1. 优化旅游基础设施与服务功能

重视旅游基础设施建设，针对外国游客提出的交通拥堵、无序等问题，相关部门结合北京实际情况给出处理意见。针对外国客人反映的质量好的酒店收费高、收费一般的酒店服务很差的现象，加强整顿饭店市场乱象力度，建设服务好收费合理的接待酒店。

2. 增加城市道路、景点等重点区域的英文标识数量

在调查及访谈过程中发现，外国游客不约而同地指向了英文标识缺乏这个问题。道路指示牌上英文标识缺乏会导致外国游客不知道怎么才能到达目的地，也增加了出租车"宰客"的概率，抹黑北京的城市形象。可以在机场、火车站等区域应当设置多语种旅游信息中心，标出通向热门景区的道路选择，为游客提供免费旅游信息，方便入京游客前往目的地。

3. 注重构建城市信息系统，提升旅游信息化水平

一方面，完善旅游咨询系统，通过旅游信息、咨询中心，向入境旅游者提供特色旅游产品介绍、娱乐休闲设施、服务保障、天气等各类精细化信息。另一方面，加快信息化手段在旅游接待服务中的应用，充分利用电子信息、电子金融、电子签证、电子票务、多种语言的电子触摸屏等，为入境旅游者消费提供便利。大力推动旅游业的信息化、实现数字旅游、智能旅游，为城市入境旅游者提供更加满意的旅游服务。

4. 提升北京整体旅游环境

继续改善北京旅游的经济、自然生态和社会文化环境，为北京城市入境旅游的发展营造一个良好的氛围环境。注重北京经济的稳定发展，与之同时，要重视对现有自然景观、文化、历史景观以及生态环境的保护和优化，科学规划旅游景观的使用周期，提高旅游景点的使用寿命。优化美化净化城市，创造生态化人居环境，还要注重改善社会文化环境，保护和传承北京特有的社会文化传统。

整顿北京旅游市场风气秩序，在调研和访谈中，有外国游客专门指出出租车载客绕路、商贩给假币等问题，严重影响了北京的对外形象，通过制定各项旅游法律、法规等，肃清市场环境，规范北京入境旅游市场秩序，创造文明有序的环境，并建立有效的行业管理体系和行业标准，以促进北京城市入境旅游业的良性发展，从而保障北京城市入境旅游竞争力的提升。

5. 加强多语种旅游解说系统等便利化设施的系统化建设

在景区中，提供多语种的景区景点历史介绍，方便外国游客了解景（区）点历史、故事、特色、内涵，使其"知其然，也知其所以然"，能够更深入地了解北京文化，产生相应的印象，利于后期旅游者输出利于北京的传播内容。

（二）准确定位北京，拓展北京文化宽度

1. 打造北京特色化的城市旅游品牌形象

目前，北京虽然在旅游目的地品牌建设方面处于全国领先水平，在国际旅游市场上也形成了一定口碑的城市旅游品牌。但是，作为建设国际一流旅游城市为目标的旅游目的地，北京对于自己的定位还不甚明晰。北京文化博大精深，而且质优量丰，以皇城文化、胡同文化等为代表老北京文化和以798、三里屯为代表的现代化文化相交融，在这样的古代与现代、东方与西方文化的交融中，北京似乎显得有些无所适从。

作为全国领先的旅游目的地，北京要进一步明确城市旅游形象，定下一个清晰的城市旅游形象的定位，并将这种形象品牌化，着力打造差异化、特色化的城市旅游品牌，以提高北京旅游的知名度和美誉度，进而提升北京城市入境旅游竞争力。

2. 大力推进北京市旅游产品优化升级

北京作为中国的首都，是中国走向世界大舞台的引领者与示范，有着极其丰富的旅游资源和旅游产品，故宫、长城、颐和园都是世界级的精品资源，也是吸引国外客人的主要旅游吸引物。但是，在外国人对这些资源不甚了解的情况下，仅仅靠资源本身吸引"回头客"或者激活潜在以及惰性旅游者是比较困难的，所以北京要结合自身优势，进一步推进旅游产品的优化升级，优化结构体系，提高产品档次，大力开发面向国际旅游需求的高端旅游产品和旅游精品，并不断创新，与时俱进，保持北京旅游产品和商品的生命力和持久竞争力。

3. 深度开发北京特色旅游商品

大力开发具有北京鲜明文化特色的旅游商品，挖掘北京传统文化遗产，把北京独有的人文资源融入旅游商品的设计和开发中，鼓励开发名牌商品、名特产品，增加文化内涵，创造品牌效应，增加商品的高附加值。立足北京文化打造精品，针对入境高端旅游者的消费特点，加强设计与开发能体现北京特色的高端化、精品化的"北京礼物"，同时，适当开发"北京礼物"奢侈品，以满足不同层次入境旅游者的需要。

深度开发以北京风味小吃为主体的传统饮食文化，进一步提高特色饮食产品质量，创造著名的饮食品牌。扶持有品位的餐饮企业做大做强，发展一批高中档餐馆企业重点经营地方特色，鼓励"老字号"品牌企业办好精品特色小吃，适应入境高端旅游者的消费需求。建设餐饮文化荟萃，加快推进餐饮业现代化、品牌化、产业化、国际化进程，把北京打造成独具魅力的世界"美食之都"。

参考文献

[1] 阎崇年.北京文化的重要位置与历史特点[J].北京社会科学,1986(03):161-163.

[2] 阎崇年.古都北京[M].北京:朝华出版社,1995:2,3.

[3] 张立文.谈谈北京文化的特点[J].北京社会科学,1986(03):160-161.

[4] 许大龄.谈北京文化的三个特征[J].北京社会科学,1986(03):156-157.

[5] 丁守和.研究北京地区文化应以近代以来为重点[J].北京社会科学,1986(03):157-158.

[6] 刘勇.从历史深处走向现实与未来:对北京文化独有魅力及发展态势的思考[J].北京师范大学学报(社会科学版),2004.

[7] 郭勉愈.大院与北京文化[J].北京师范大学学报(社会科学版),2005(04):119.

[8] 赵晓阳.完整北京城和多元北京文化的探讨和途径:以北京学研究中的外文资料为中心[J].北京联合大学学报2008(6),70-73.

[9] 王一川.北京文化符号与世界城市软实力建设[J].北京社会科学,2011(02):6-7.

[10] 王东,王放.北京魅力[M].北京:北京大学出版社,2008:19.

[11] 徐菊凤.北京文化旅游:现状·难点·战略[J].人文地理,2003(10):85-86.

[12] 杨培玉,王培英.北京文化旅游产品的开发现状及其对策[J].北京城市学院学报,2010(03):49-50.

[13] 李天元.旅游学概论[M].天津:南开大学出版社,2014:153.

[14] 国家统计局.国家旅游及相关产业分类[Z].2015.

[15] 吴存东,吴琼.文化创意产业概论[M].北京:中国经济出版社,2010.

[16] 魏鹏举.文化创意产业导论[M].北京:中国人民大学出版社,2010:22.

[17] 北京统计局.北京市文化创意产业分类标准[Z].北京,2006.

[18] MICHAEL G,STEVEN K.Time Paths in the Diffusion of Product Innovation[J].The Economic Journal,1982(92):562-583.

［19］STEVEN K，ELIZABETH G.The Evolution of New Industries and the Deterninants of Market Structure［J］.RAND Journal of Economics，1990，55（1）：27-44.

［20］RAJIASHREE A，MICHAEL G.The Evolution of Markets and Entry，Exit and Survival of Firms［J］.Review of Economics and Sataistics，1996，78（3）：489-498.

［21］于刃刚.三次产业分类与产业融合趋势［J］.世界经济与政治，1997（1）：42-43.

［22］ROSENBURG N.Technological Change in the Machine Tool Industry：1840—1910［J］.The Journal of Economic History，1997（23）：414-446.

［23］GREENSTEIN S，KHANNA T.What Does Industry Convergence Mean？［M］//Yoffie D.Competing the Age of Digital Convergence.Boston，1997：201-226.

［24］European Commission.Green Paper on the Convergence of the Telecommunications，Media，and Information Technology Sectors，and the Implications for Regulations towards an Information Society Approach［R］.Brussels：European Commission，1997.

［25］YOFFIE.Introduction：CHESS and Competing in the Age of Digital Convergence［M］//Yoffie D.Competing the Age of Digital Convergence.Boston，1997：1-35.

［26］MALHOTRA A.Firm Strategy in Converging Industries：an Investigation of US Commercial Bank Responses to US Commercial-Investment Banking Convergence［D］.Baltimore：Maryland University，2001.

［27］植草益.信息通讯业的产业融合［J］.中国工业经济，2001（2）：24-27.

［28］LIND J.Ubiquitous Convergence：Market Redefinitions Generated by Technology Change and the Industry Life Cycle［R］.New York：Paper for the Druid Academy Winter Conference，2005.

［29］卢东斌.产业融合：提升传统产业的有效途径［J］.经济工作导刊，2001（3）：4.

［30］岭言.产业融合发展：美国新经济的活力之源［J］.工厂管理，2001（3）：25.

［31］周振华.信息化与产业融合［M］.上海：上海三联书店，上海人民出版社，2003：45.

［32］聂子龙，李浩.产业融合中的企业战略思考［J］.软科学，2003（2）：80.

［33］厉无畏，王振.中国产业发展前沿问题［M］.上海：上海人民出版社，2003：189.

［34］何立胜，李世新.产业融合与产业竞争力相关研究［J］.商丘师范学院学报，

2005（3）：81.

［35］马健.产业融合论［M］.南京：南京大学出版社，2006.

［36］李美云.服务业的产业融合与发展［M］.北京：经济科学出版社，2007：71.

［37］胡永佳.产业融合的经济学分析［M］.北京：中国经济出版社，2008：41.

［38］陈柳钦.产业融合的发展动因、演进方式及其效应分析［J］.西华大学学报（哲学社会科学版），2007（4）：69-73.

［39］张磊.产业融合与互联网管制［M］.上海：上海财经大学出版社，2001.

［40］郑明高.产业融合：产业经济发展的新趋势［M］.北京：中国经济出版社，2011：26.

［41］PENNINGS J M，PURANAM P.Marke Convergence & Firm Strategy：New Directions for Theory and Research［R］.Netherlands："The Future of Innovation Studies" Conference，Eindhoven University of Technology，2001.

［42］王丹.产业融合背景下的企业并购研究［D］.上海：上海财经大学，2008.

［43］胡汉辉，邢华.产业融合理论以及对我国发展信息产业的启示［J］.中国工业经济，2003（2）：23-29.

［44］RICHARDS G，RAYMOND C.Creative Tourism［J］.ATLAS News，2000（23）：18.

［45］RICHARDS G.Creativity：A New Strategic Resource for Tourism？［M］.Tourism，Creativity and Development.Arnhem：Atlas Reflections，2005：15-18.

［46］RICHARDS G，WILSON J.Developing Creativity in Tourist Experiences：A Solution to the Serial Reproduction of Culture［J］.Tourism Management，2006，27（6）：1209-1223.

［47］SMITH M.Tourism Culture and Regeneration：Differentiation through Creativity［M］.Tourism，Creativity and Development.Arnhem：ATLAS Reflections，2005：19-22.

［48］UNESCO.Towards Sustainable Strategies for Creative Tourism［R］.USA：Discussion Report of the Planning Meeting for 2008 International Conference on Creative Tourism，2006.

［49］王琳.我国旅游业与文化创意产业的融合发展研究［J］.生产力研究，2014（9）：73-75，154.

［50］刘洁.文化创意产业与旅游业关系研究［J］.经济研究导刊，2010（1）：155-156.

［51］薛兵旺.文化创意产业与旅游产业融通效应与发展模式研究［J］.西南民族大学学报（人文社会科学版），2015（1）：168-171.

[52] 薄倩, 王维俊, 王华哲. 浅析文化创意产业与旅游业融合发展模式 [J]. 商界论坛, 2014 (20): 165-166.

[53] 杨娇. 旅游产业与文化创意产业融合发展的研究 [D]. 杭州: 浙江工商大学, 2008.

[54] 李洋洋. 我国文化创意产业与旅游业融合模式研究 [D]. 北京: 北京第二外国语学院, 2010.

[55] 张玉蓉, 郑涛, 张玉玲. 基于创意经济的旅游业与文化创意产业融合发展机制研究 [J]. 中华文化论坛, 2014 (5): 169-174.

[56] 马琳. 文化创意产业与旅游产业融合发展研究 [D]. 昆明: 云南财经大学, 2014.

[57] 伍鹏. 文化创意产业与旅游业融合互动发展刍议 [J]. 宁波大学学报 (人文科学版), 2012 (1): 76-80.

[58] 王欣, 凌天宇, 杨文华. 文化创意产业与旅游业融合中政府作用的研究 [J]. 山西师范大学学报 (自然科学版), 2014 (3): 117-120.

[59] 朱迎, 尚徐艳. 文化创意产业与旅游业的融合发展研究 [J]. 商界论坛, 2014 (21): 248-249.

[60] 蒋才芳, 田运海. 湘西民族文化旅游与文化创意产业融合研究 [J]. 中外企业家, 2011 (4): 44-46.

[61] 曾亚玲. 博物馆旅游与文化创意产业的融合发展 [J]. 中国商贸, 2012 (4): 189-190.

[62] 马倩, 朱创业, 谢川. 古镇旅游业与文化创意产业融合发展模式研究: 以黄峨古镇为例 [J]. 四季人居, 2012 (6): 66-67.

[63] 李霞. 文化创意产业与乡村旅游产业融合发展研究 [D]. 开封: 河南大学, 2013.

[64] 郝欣. 汉长安城遗址文化创意产业与旅游产业融合刍议 [J]. 新西部 (理论版), 2015 (11): 29-30, 32.

[65] 傅生生, 赖春梅. 古田红色文化创意产业与旅游业融合发展存在问题及对策研究 [J]. 太原城市职业技术学院学报, 2015 (8): 28-30.

[66] 郝欣. 文化创意产业与旅游产业融合发展在大遗址旅游开发中的应用 [J]. 现代, 2015 (10): 62-63.

[67] 卞少辉, 韩健. 文化创意产业和地方文化旅游业融合发展的探析: 以河北省秦皇岛市为例 [J]. 中国商贸, 2014 (6): 153-154.

[68] 袁大伟. 泉州市文化创意业与旅游业融合发展研究 [J]. 旅游纵览 (下半月), 2014 (1): 147-148.

［69］郭会贤.文化创意产业与河南旅游业融合互动发展研究［J］.河北旅游职业学院学报,2014（2）：5-9.

［70］任志君.张家界市旅游产业与文化创意产业融合发展研究［D］.吉首：吉首大学,2014.

［71］鲁皓,张玉蓉,樊信友.旅游业与文化创意产业融合研究［J］.合作经济与科技,2014（16）：8-10.

［72］陈国生,彭文武.湖南旅游业和文化创意产业的协同效应测度及其空间分布特征分析［J］.荆楚学刊,2015（4）：41-48.

［73］张玉蓉,鲁皓,张玉玲.产业融合视域下旅游业与文化创意产业的互动发展研究［J］.理论与改革,2015（2）：75-79.

［74］鲁皓,张玉蓉.旅游与文化创意产业融合发展动因实证分析［J］.商业经济研究,2015（13）：124-126.

［75］龚巧林,陈惠芬.成都旅游业与文化创意产业的产业融合研究［J］.产业与科技论坛,2011（21）：25-26.

［76］陈华丽.浅谈厦门旅游业与文化创意产业深度融合方略［J］.经济师,2013（6）：182-183.

［77］刘文辉,姚远.江西省旅游业与文化创意产业融合发展研究［J］.科技广场,2013（9）：225-229.

［78］林永珺.文化创意产业与旅游业的融合模式研究：以五大连池风景区为例［J］.时代农机,2015（4）：76-77.

［79］王振如,钱静.北京都市农业、生态旅游和文化创意产业融合模式探析［J］.农业经济问题,2009（8）：14-18.

［80］王欣,杨文华.文化创意旅游产业发展模式及北京市发展对策研究［J］.北京第二外国语学院学报,2012（11）：30-35.

［81］薄倩,王维俊,关越.旅游业带动地区文化创意产业发展浅析：以北京市为例［J］.商场现代化,2013（27）：180-181.

［82］王昊,周凤杰.论文化创意旅游：以北京798艺术区为例［J］.旅游纵览（下半月）,2014（3）：135,137.

［83］汤宇军,王欣,张立莉.北京文化创意产业集聚区的旅游功能发展研究［J］.北京第二外国语学院学报,2015（1）：27-33.

［84］王培英.北京市文化旅游创意产业发展路径探析［J］.北京城市学院学报,2014（1）：82-86.

［85］杨培玉,王培英.北京文化旅游创意产业发展驱动力及战略研究［J］.改革与战略,2015（8）：154-157.

［86］宁泽群，金珊.798艺术区作为北京文化旅游吸引物的考察：一个市场自发形成的视角［J］.旅游学刊，2008（3）：57-62.

［87］陈明星，陆大道，张华.中国城市化水平的综合测度及其动力因子分析［J］.地理学报，2009（4）：387-398.

［88］张琰飞，朱海英.西南地区文化产业与旅游产业耦合协调度实证研究［J］.地域研究与开发，2013（2）：16-21.

［89］杜傲，刘家明，石惠春.1995—2011年北京市旅游业与城市发展协调度分析［J］.地理科学进展，2014（2）：194-201.

［90］鲍洪杰，王生鹏.文化产业与旅游产业的耦合分析［J］.工业技术经济，2010（8）：74-78.

［91］刘飒，王强.北京市文化创意产业发展实证研究［J］.经济管理，2009（2）：42-48.

［92］马菲菲.湘西地区休闲农业与旅游业耦合发展研究［D］.吉首：吉首大学，2012.

［93］胡艳超.北京市文化创意产业发展实证研究［D］.北京：首都经济贸易大学，2012.

［94］GUNN C A，VAR T.Tourism Planning：Basics Concepts Cases［M］.4th ed.New York：Routledge，2002.

［95］LEIPER N.Tourism Management［M］.Collingwood，Victoria：TAFE Publications，1995.

［96］吴必虎.旅游系统，对旅游活动与旅游科学的一种解释［J］.旅游学刊，1998，14（1）：21-25.

［97］厉新建.旅游经济学批判与框架构建［J］.北京第二外国语学院学报，2003（3）：6-13.

［98］戴斌，等.旅游经济转型升级进程中的市场主体论［J］.旅游科学，2014，28（5）：1-10.

［99］DECI，RYAN.Intrinsic Motivation and Self-Determination in Human Behavior［M］.New York：Plenum Press，1985：89.

［100］周在泉.发展品质旅游的新思考［J］.时代经贸，2006，06：79-80，82.

［101］陈刚，郑志元，王颖.地域特色视角下文化创意街区设计策略及表达研究［J］.江淮论坛，2014，06：161-164.

［102］NURTANTI W.Heritage and Postmodern Tourism［J］.Annals of Tourism Research，1996，23（2）：249-260.

［103］VANDER J，COSTA P，GOTTI G.Tourism in Europe Heritage Cities［J］.

Annals of Tourism Research,1996,23(2):306-321.

[104] TEO P,HUANG S.Tourism and Heritage Conservation in Singapore[J].Annals of Tourism Research,1995,22(3):589-615.

[105] RONAID G.A Perspective from Canada on Heritage and Tourism[J].Annals of Tourism Research,1996,23(2):484-487.

[106] DROST A.Developing Sustainable Tourism for World Heritage Sites[J].Annals of Tourism Research,1996,23(2):479-483.

[107] 陈雪梅.中国创意产业街区业态研究[D].天津音乐学院,2010.

[108] 宋捷,周波.历史街区文化创意产业发展路径初探：以成都宽窄巷子为例[J].四川建筑科学研究,2011,03:259-262.

[109] 吕斌,樊星,李小萌.历史文化街区是文化创意产业集聚与发育的重要载体：以北京市南锣鼓巷为例[J].北京规划建设,2013,05:115-119.

[110] 王乃萍.文化街区的文化品质研究：以琉璃厂为例[J].中外企业家,2011,12:251-253.

[111] 陶琳.哈尔滨花园街历史文化街区综合评价与保护更新策略研究[D].哈尔滨工业大学,2010.

[112] 马琳.文化创意产业与旅游产业融合发展研究[D].昆明：云南财经大学,2014.

[113] 杨娇.旅游产业与文化创意产业融合发展的研究[D].杭州：浙江工商大学,2008.

[114] PIZAM A.Tourism's Impacts：The Social Costs to the Destination Community as Perceived by Its Residents[J].Journal of Travel Research,1978(Spring):8-12.

[115] Tribe J,Snaith T.From SERVQUAL to HOLSAT：Holiday Satisfaction in Varadero,Cuba[J].Tourism Management,1998,19(1):25-34.

[116] 文彤,单樑.旅游度假区飞地问题的规划解读：以佛山市南国桃园为例[J].旅游论坛,2011,(1):40-44.

[117] 许长亭.基于IPA模型的旅游度假区游客满意度研究[D].上海：上海师范大学,2012.

[118] MILLAN A,ESTEBAN A.Development of a Multiple-Item Scale for Measuring Customer Satisfaction in Travel Agencies Services[J].Tourism management,2004,2(5):533-546.

[119] PIZAM A.Tourism's impacts：The Social Costs to the Destination Community as Perceived by Its Residents[J].Journal of Travel Research,1978,16(4):8-12.

[120] BEARD J B,Ragheb M G.Measuring Leisure Satisfaction[J].Journal of

Leisure Research, 1980, 12 (1): 20-33.

[121] TRIBE J, SNAITH T.From SERVOUAL to HOLSAT: Holiday Satisfaction in Varadero, Cuba [J].Tourism.

[122] BOWEN D.Antecedents of Consumer Satisfaction and Dis-Satisfaction (CS/D) on Long-Haul Inclusive Tours-a Reality Check on Theoretical Considerations [J].Tourism Management, 2001, 22 (1): 49-61.

[123] BAKER D A, CROMPTON J L. Quality, Satisfaction and Behavioral Intention [J].Annals of Tourism Research, 2000, 27 (3): 785-804.

[124] LEE C K, YOON Y S, LEE S K.Investigating the Relationship Among Perceived Value, Satisfaction, and Recommendations: The Case of the Korean DMZ [J].Annals of Tourism Research, 2007, 28 (1): 204-214.

[125] DEVESA M, LAGUNA M, PALACIOS A.The Role of Motivation in Visitor Satisfaction: Empirical Evidence in Rural Tourism [J].Tourism Management, 2010, 31 (4): 547-552.

[126] 汪侠.旅游地的主客满意度研究：模型及实证 [M].南京：南京大学出版社, 2012.

[127] PIZAM A.Tourism's Impacts: The Social costs to the destination community as perceived byits residents [J].Journal of Travel Research, 1978, 3: 8-12.

[128] KIM W G, MA X J, KIM D J.Determination of Chinese Hotel Customer' E-satisfaction and Purchase Intentions [J].Tourism Management, 2006, 27 (5): 890-900.

[129] 汪侠, 顾朝林.旅游景区顾客的满意度指数模型 [J].地理学报, 2005 (5): 807-816.

[130] 郭玲霞, 张勃, 王亚敏, 等.兰州市旅游景区游客满意度研究 [J].经济地理, 2010, 30 (9): 1580-1584.

[131] 董观志, 杨凤影.旅游景区游客满意度测评体系研究 [J].旅游学刊, 2005.1: 27-30.

[132] 田坤跃.基于 Fuzzy-IPA 的景区游客满意度影响因素的实证研究 [J].旅游学刊, 2010.5: 61-65.

[133] Gina Ionela Butnaru et al.Alternative Method of Quality Evaluation in Tourism: Case study applied in tourist accommodation units [J].Procedia Economics and Finance, 2014 (15), 671-678.

[134] ZHANG Y W.American tourists to China-A marketing perspective of perceived tourism quality in China [D].Southern Illinois University, 1989.

[135] NEAL J D.The Effects of Different Aspects of Tourism Services on Travelers' Quality of Life: Model Validation, Refinement, and Extension[D].Virginia Polytechnic Institute and State University, 2000.

[136] KIM K.The Effects of Tourism Impacts upon Quality of Life of Residents in the Community[D].Virginia Polytechnic Institute and State University, 2002.

[137] ANDERECK K L.A Cross-cultural Analysis of Tourism and Quality of Life Perceptions[J].Journal of Sustainable Tourism.2007, Vol.15 Issue 5, 483-502.

[138] CECIL.A K.Exploring Resident Awareness of Cultural Tourism and Its Impact on Quality of Life[J].European Journal of Tourism Research, 2008, Vol.1 Issue 1: 39-52.

[139] 苏长高.文化提升旅游品质[J].当代广西, 2013, 16: 29.

[140] 曾梦宇.整合与联动：提升黔桂湘侗文化旅游品质的必由之路[J].贵州教育学院学报（社会科学版）, 2005, 06: 37-40, 101.

[141] 郑伟俊.品质旅游主导下的浙中养生文化旅游发展创新研究：以武义县为例[J].生产力研究, 2012, 07: 99-101.

[142] 杨济诗, 孙霞琴.小吃广场应走向休闲娱乐中心、社区购物中心[J].上海商业, 2001（9）: 45-47.

[143] 邹再进.区域旅游业态理论研究[J].地理与地理信息科学, 2007（5）: 100-101.

[144] 杨玲玲, 魏小安.旅游新业态的"新"意探析[J].资源与产业, 2009（6）: 135-138.

[145] 赵梦妮, 钟永德.旅游特色街区业态比较研究：以张家界溪布街和桂林阳朔西街为例[J].中南林业科技大学学报（社会科学版）, 2013, 03: 6-8.

[146] 张婷.论古文化街区打造中"四态合一"理论的符号学意义：以成都宽窄巷子为例[J].中外文化与文论, 2015, 03: 164-169.

[147] 黄焕, SMOLDERS B, VERWEIJ J.文化生态理念下的历史街区保护与更新研究：以武汉市青岛路历史街区为例[J].规划师, 2010, 05: 61-67.

[148] 褚丽君.创意旅游发展条件的综合评价指标体系研究[P].浙江金华：浙江师范大学, 2012: 33-36.

[149] 张智.居住区环境质量评价方法及管理系统研究[D].重庆：重庆大学, 2003: 106-110.

[150] 胡永宏.综合评价方法[M].北京：科学出版社, 2000: 54.

[151] 陈淳.文物学、考古学与文化遗产保护[J].文化遗产研究集刊第二辑, 2001.

[152] 徐蔼婷.德尔菲法的应用及其难点[J].统计科普, 2006（9）: 45.

［153］杨忠全，吴颖，袁德美．德尔菲法的定量探讨［J］．情报理论与实践，1995（5）．

［154］姜启源．数学模型［M］．北京：高等教育出版社，1999．

［155］许树柏．层次分析法原理［M］．天津：天津大学出版社，1988．

［156］王好芳，董增川．区域水资源可持续开发评价的层次分析法［J］．水力发电，2002（7）：12-14．

［157］赵焕臣．层次分析法［M］．北京：科学出版社，2004：34．

［158］亓莱滨．李克特量表的统计学分析与模糊综合评判［J］．山东科学，2006，19（2）：18-20．

［159］蒋小花，沈卓之，张楠楠，等．问卷的信度和效度分析［J］．现代预防学，2010，03：429-431．

［160］李灿，辛玲．调查问卷的信度与效度的评价方法研究［J］．中国卫生统计，2008（5）：541-544．

［161］陈康琳，陈琳，张雨生．城市历史街区商业业态及古建利用情况分析：以北京南锣鼓巷为例［J］．旅游纵览（下半月），2014，06：219-220．

［162］刘敏，刘爱利．基于业态视角的城市建筑遗产再利用：以北京南锣鼓巷历史街区为例［J］．旅游学刊，2015，04：115-126．

［163］张惠琪，陈立．南锣鼓巷文化休闲商业街发展调研［J］．中国工商管理研究，2009，07：48-51．

［164］周浩明．南锣鼓巷的过去、现在与未来：关于历史文化街区保护和发展的思考［J］．艺术评论，2009，03：71，76-81．

［165］马炳坚．北京四合院建筑：天津［M］．天津大学出版社，1999．

［166］胡华．夜态城市［D］．天津：天津大学，2008．

［167］刘畅．旅游文化的传播战略研究：以山东旅游文化传播为例［D］．重庆：重庆工商大学，2014．

［168］斯蒂芬·利特约翰．人类传播学［M］．史安斌，译．北京：清华大学出版社，2004，51-52．

［169］李蕾蕾．跨文化传播及其对旅游目的地地方文化认同的影响［J］．深圳大学学报（人文社会科学版），2000，17（2）：95-98．

［170］豆均林，张念萍．论旅游目的地广告有效传播策略的确立原则［J］．枣庄学院学报（社会科学版），2005，25（2）：93-95．

［171］周鸿铎．文化传播学通论［M］．北京：中国纺织出版社，2005：67-80．

［172］乌铁红，李文杰．旅游形象设计与传播手段研究［J］．内蒙古师范大学学报（哲学社会科学版），2003，32（3）：54-56．

［173］川韦瑾.关于旅游地形象重新定位和形象传播的探讨：以桂林为例［J］.西南民族大学学报（人文社科版），2004，25（1）：355-358.

［174］王洁.试论一种特殊的传播方式：旅游传播［J］.现代传播（双月刊），2003，120（1）：53-54.

［175］李锋.旅游传播学理论体系构建刍议［J］.河南大学学报（社会科学版），2006，46（1）：137-138.

［176］曾文雄.旅游文化传播与旅游经济发展［J］.商场现代化，2006，460（2）：279-280.

［177］王梓妍.基于文化传播理论的城市旅游形象设计与营销应用研究：以武汉市为例［D］.武汉：华中师范大学，2013.

［178］李蕾蕾.旅游目的地形象策划：理论与实务四［M］.广州：广东旅游出版社，1999.

［179］唐礼智.泉州市旅游形象定位与设计研究.现代城市研究，2002（4）：56-60.

［180］屈海林，邱汉琴.香港都市旅游的形象与竞争优势［J］.旅游学刊，1996，11（1）：24-25.

［181］黎洁.论旅游目的地形象及其市场营销意义团［J］.旅游论坛，1998，1：17-18.

［182］李蕾蕾.旅游地形象的传播策略初探［J］.深圳大学学报，1999，4（16）：87-93.

［183］黄大勇.城市旅游形象广告策略［J］.湖南商学院学报，2002，1：61-63.

［184］金丽，刘正浩.关于旅游目的地形象包装战略浅析［J］.北方经贸，2002，1：104-106.

［185］黄震方，李想.旅游目的地形象的认知与推广模式［J］.旅游学刊，2002，3（17）：65-70.

［186］徐稳.全球化背景下当代中国文化传播的困境与出路［J］.山东大学学报（哲学社会科学版）2013，4：96-103.

［187］赵飞羽，明庆忠，等.游客对旅游地的跨文化传播之初探［J］.云南地理环境研究，2003，4（15）.

［188］朱增朴.文化传播论［M］.北京：中国广播电视出版社，1993：247-285.

［189］克利福特格尔兹.文化的解释［M］.上海：上海人民出版社，1999：126-128.

［190］王雪华.论旅游的社会文化影响［J］.桂林旅游高等专科学校学报旅游学科建设与旅游教育增刊，1999（10）：60-63.

[191] 万群群. 游客体验感知与网络口碑传播意愿的关系研究：以张家界游客为例[D]. 长沙：湖南师范大学, 2014.

[192] 颜炳荣. 口碑营销[M]. 北京：中国纺织出版社, 2007：30-38.

[193] 黄英, 朱顺德. 二十一世纪的口碑营销及其在中国的发展潜力[J]. 管理前沿, 2003（6）：33-36.

[194] 黄孝俊, 徐伟青. 口碑传播的基本研究取向[J]. 浙江大学学报（人文社会科学版）, 2004（1）：194-198.

[195] 章晶晶. 网络环境下口碑再传播意愿的影响因素研究[D]. 杭州：浙江大学, 2005：71-79.

[196] 单波. 跨文化传播的基本理论命题[J]. 华中师范大学学报（人文社会科学版）, 2011, 01.

[197] 李曦. 旅游目的地新媒体整合营销传播研究：以天津为例[D]. 天津：南开大学, 2014.

[198] 高静, 肖江南. 我国旅游目的地营销系统运营存在的问题及对策[J]. 社会科学家, 2004（3）：89-91.

[199] 郭会斌. 营销口碑的产生路径与创造研究[J]. 经济管理, 2005（11）：44-46.

[200] 郝之洪. 消费者口碑溢出效应与扩散机制研究[J]. 中央财经大学学报, 2007（7）：81-84.

[201] 何云霞. 城市旅游目的地营销组织初探[D]. 上海：复旦大学, 2001.

[202] 胡正荣. 传播学总论[M]. 北京：北京广播学院出版社, 1998.

[203] 匡林. 旅游业政府主导型发展战略研究[M]. 北京：中国旅游出版社, 2001.

[204] 匡文波. 网络传播理论与技术[M]. 北京：中国人民大学出版社, 2007.

[205] 匡文波. 新媒体概论[M]. 北京：中国人民大学出版社, 2012.7：115.

[206] 赖胜强, 朱敏. 网络口碑研究述评[J]. 财贸经济, 2009（6）：127-131.

[207] 雷卫中. 互联网对我国旅游业发展的影响[J]. 旅游科学, 1998（3）：18-21.

[208] 黎洁, 吕镇. 论旅游目的地形象与旅游目的地形象战略[J]. 商业经济与管理：1996, 6.

[209] 赵建楠. 旅游目的地文化形象及其传播研究：以武汉市为例[J]. 武汉：华中师范大学, 2013.

[210] 王烯. 城市旅游形象提升攻略[M]. 北京：中国社会科学出版社, 2008.

[211] 林炎钊. 旅游形象设计：我国旅游城市面临的新课题[J]. 北京第二外国语

学院学报，1995（3）：122-126.

［212］白祖成.建设北京雄美迷人的旅游形象［J］.旅游学刊，1994（2）：26-31.

［213］李克强，林炎钊.构建城市旅游形象初探［J］.旅游研究与实践，1995（3）：18-20.

［214］黎洁.论旅游目的地形象及其市场营销意义［J］.旅游论坛，1998（1）：17-19.

［215］王磊，刘洪涛，赵西萍.旅游目的地形象的内涵研究［J］.西安交通大学学报（社会科学版），1999（1）：25-27.

［216］石培基，李先锋.旅游形象传播研究［J］.西南民族大学学报（人文社科版），2006（8）：212-214.

［217］张芳芳，陈金华.旅游博客对旅游目的地形象传播的影响研究［J］.乐山师范学院学报，2009（12）：69-71-75.

［218］邵培仁.传播学导论［M］.杭州：浙江大学出版社，1997.

［219］李艺辉，唐德根.文化涵化过程中的模因传播模型［J］.当代教育理论与实践，2009，04.

［220］吕洪涛.旅游目的地形象对游客口碑传播效果的影响研究［D］.吉林：辽宁大学，2012.

［221］王德胜，李一楠.口碑营销组合策略模型构建研究［J］.山东大学学报（哲学社会科学版），2007（6）.

［222］罗霞，张莉莉.旅游口碑及其传播影响力研究［J］.安徽农业科学学报，2009（10）.

［223］武传表，谢春山，王丽华.旅游体验和主客关系情境下的游客口碑传播模型构建与实证分析：以赴大连游客为例［J］.系统工程，2013，10.

［224］陈玉.我国旅游景区的英文翻译错误及其对文化传播的影响探究［J］.旅游管理研究，2015，01.

［225］张要争.城市入境旅游竞争力提升策略研究：以北京市为例［D］.北京：首都经济贸易大学，2013.

［226］屈海林，邱汉琴.香港都市旅游的形象与竞争优势［J］.旅游学刊，1996（1）：24-28.

［227］严春艳.城市旅游形象定位研究：以渭南市为例［J］.安徽农业科技，2011，39（11）.

［228］郭舒，曹宁.城市旅游发展的竞争力分析与政策建议［J］.商业研究，2004（9）：138-140.

［229］马爱葵，曹荣林，管蓓蓓.影响中国区域入境旅游竞争力的主要因素分析

[J]．河南科学，2008（7）：16-20．

［230］张孝丽．基于入境旅游影响因素分析的山东入境旅游市场研究［J］．山东经济学院，2010．

［231］吴国清．上海城市入境旅游及竞争力探析［J］．上海师范大学学报（自然科学版），2005，34（2）：100．

［232］李东，邢振超．四种营销传播理论的比较：从USP论、品牌形象论、定位论到IMC理论［J］．学术交流，2006（11）：91-94．

［233］罗伯特·麦金托什，夏希肯特·德波特．旅游学：要素·实践·基本原理［M］．蒲红，等译．上海：上海文化出版社，1985．